BIBLIOTECA DE DERECHO ADMINISTRATIVO

**Luigi Garofalo**
(Director)

**Carlos Antonio Agurto Gonzáles**
**Sonia Lidia Quequejana Mamani**
**Benigno Choque Cuenca**
(Coordinadores Generales)

COLECCIÓN ALLAN R. BREWER-CARÍAS

ALLAN R. BREWER-CARÍAS
Profesor emérito de la Universidad Central de Venezuela
SEBASTIÁN MARTIN-RETORTILLO BAQUER
Catedráticos de la Universidad Complutense de Madrid
FRANCISCO RUBIO LLORENTE
Catedráticos de la Universidad Complutense de Madrid

# TRES PROYECTOS LEGISLATIVOS: PROCEDIMIENTOS ADMINISTRATIVOS, JURISDICCIÓN CONTENCIOSA ADMINISTRATIVA Y JURISDICCIÓN CONSTITUCIONAL 1965-1971

Edición al cuidado de
**Carlos Antonio Agurto Gonzáles**
**Sonia Lidia Quequejana Mamani**
**Benigno Choque Cuenca**

Ediciones Olejnik

Título: Tres proyectos legislativos: procedimientos administrativos, jurisdicción contenciosa administrativa y jurisdicción constitucional 1965-1971.



Edición 2023.


Ediciones Olejnik
Huérfanos 611, Santiago-Chile
E-mail: contacto@edicionesolejnik.com
Web site: http://www.edicionesolejnik.com

ISBN: 978-956-407-260-9

Diseño de carátula: Ena Zuñiga

Diagramación: Hayden Méndez. hayden.mendezq@gmail.com



Impreso en Argentina 2023 Printed in Argentina

# ÍNDICE

# NOTA INTRODUCTIVA

ALLAN R. BREWER-CARÍAS

Los tres proyectos legislativos que conforman esta obra sobre *Procedimientos Administrativos*, la *Jurisdicción Contencioso Administrativa* y la *Jurisdicción Constitucional* son el resultado del trabajo conjunto que en 1965 realizamos Sebastián Martín Retortillo Baquer, Francisco Rubo Llorente y yo, entonces tres jóvenes profesores e investigadores de derecho público - aunque yo más joven que los otros dos - con quienes tuve la suerte de coincidir en Caracas, en la Facultad de Derecho de la Universidad Central de Venezuela.

Para ese entonces, Paco Rubio ya tenía más de un lustro trabajando como investigador en el Instituto de Estudios Políticos con su Director, el profesor Manuel Garcia Pelayo; y Chano Retortillo ese año, precisamente, estuvo integrado al Instituto de Derecho Público donde asistió al decano de la Facultad José Guillermo Andueza en la dirección del mismo durante el tiempo en el cual su Director, el profesor Antonio Moles Caubet estaba en España en goce de año Sabático. Y en cuanto a mi persona, ya desde 1963 estaba adscrito a dicho Instituto de Derecho Púbico como profesor investigador.

El origen de los proyectos estuvo en el requerimiento que me formuló el Consultor Jurídico del Ministerio de Justicia -en cuya oficina había trabajado entre 1963 y 1964 como Consultor Jurídico Adjunto- para que elaborara los tres proyectos de ley antes mencionados; solicitud que fue la que me motivó precisamente a incorporar en el trabajo a los profesores Retortillo y Rubio Llorente, lo cual fue inmediatamente aceptado.

Era, en realidad, un lujo académico que pudiésemos contar con ellos y con su conocimiento para acometer la elaboración de los proyectos, que son los que conforman este libro, y que tienen la importancia de ser los antecedentes directos de las regulaciones legales sobre esas materias que años después se comenzaron a establecer en Venezuela: primero, a partir de 1974, en materia de la jurisdicción constitucional en las disposiciones de la Ley Orgánica de la Corte Suprema de Justicia, la cual actualmente está regulada en la Ley Orgánica del Tribunal Supremo de Justicia de 2010, recién reformada en 2022; segundo, igualmente desde 1974, en materia de la jurisdicción contencioso administrativa en las disposiciones de la misma Ley Orgánica de la Corte Suprema de Justicia de 1974, materia que actualmente está regulada en la Ley Orgánica de la Jurisdicción Contencioso Administrativa de 2010; y tercero, en materia de procedimientos administrativos en las disposiciones de la Ley

Orgánica de Procedimientos Administrativos de 1981, cuyo texto siguió casi a la letra el proyecto de 1965.

Esa tarea, que asumí con los queridos y recordados Chano Retortillo y Paco Rubio, como siempre les dijimos sus amigos venezolanos, fue posible por la mencionada coincidencia que tuvimos los tres en 1965, de estar trabajando a tiempo completo -como entonces era posible- en la misma Facultad de Derecho de la Universidad Central de Venezuela, en Caracas, donde tuvimos ocasión de entrar en contacto personal y académico.

Ese año, en efecto, como mencioné, el profesor Antonio Moles Caubet, quien dirigía el Instituto de Derecho Público de la Universidad Central de Venezuela, al cual yo me había reintegrado en 1963 a mi regreso de Francia, decidió disfrutar de su Año Sabático, y para tal efecto arregló, sin duda en acuerdo con el profesor Eduardo García de Enterría, quien había comenzado unos años antes a regentar la Cátedra de Derecho Administrativo en la Universidad Complutense de Madrid, para que uno de sus destacados alumnos y colaboradores españoles se integrara al Instituto, y asistiera al decano de la Facultad en la dirección del Instituto durante su ausencia.

Y así fue como el joven profesor Sebastián Martín Retortillo Baquer, entonces profesor de la Universidad de Valladolid donde había sido uno de los asistentes de García de Enterría, viajó a Caracas integrándose al Instituto durante ese año. Chano, entre sus funciones en el Instituto, tuvo la buena idea de organizar un Seminario a la usanza de los que su maestro García de Enterría realizó durante toda su vida académica, con todos los investigadores del Instituto, el cual desarrolló en 1965-1966 sobre el tema de la Expropiación por causa de utilidad pública o social. Fue una extraordinaria ocasión que tuvimos los investigadores del Instituto para perfeccionar nuestra formación académica de la mano de un destacadísimo profesor español, con quien, además, desde entonces, entablé una fraternal amistad que se prolongó hasta su fallecimiento, y que ha seguido con toda su familia, en especial con su esposa Tere.

Chano, estando en Caracas, obviamente entró en contacto con los otros profesores españoles que trabajaban en la Facultad, particularmente en el Instituto de Estudios Políticos que entonces dirigía el profesor Manuel García Pelayo, con quien colaboraban Francisco Rubio Llorente y Pedro Bravo. Fue mi relación de amistad con Chano la que en realidad me puso en contacto con Paco Rubio con quien, a pesar de que ya tenía un tiempo en la Facultad, antes no había tenido mayor relación salvo cuando por unos meses de 1960 fui auxiliar de investigación en dicho Instituto bajo la dirección del mismo Manuel García Pelayo.

Y así fue como acometimos la tarea, en lo que fue un trabajo novedoso. Para ese entonces, y solo unos pocos años antes se habían dictado en España la Ley de Procedimientos Administrativos (1958) y la Ley sobre el Régimen Jurídico de la Administración del Estado (1957), y se había reformado la Ley sobre la Jurisdicción Contencioso Administrativa, en cuya redacción habían colaborado destacados profesores españoles vinculados al Instituto de Estudios Políticos (actual Centro de Estudios Políticos y Constitucionales), como fueron Jesús González Pérez y el mismo García de Enterría. Por ello consideré que Chano Retortillo, por el conocimiento de primera mano que tenía de esas materias y de esas leyes, podía ser de enorme valor para trabajar en los proyectos. En cuanto a Rubio Llorente, éste ya había estudiado y publicado diversos trabajos sobre el Tribunal de Garantías Constitucionales de la República española, y sobre el Tribunal Constitucional de Alemania y la Corte Constitucional italiana, también recién instalados en Europa. Por su conocimiento del tema, por tanto, también consideré que podía ser de enorme valor para trabajar en los proyectos.

Después de consultar con ellos, conformamos el equipo que propuse al Ministerio de Justicia, teniendo yo por mi parte el conocimiento de la doctrina, la legislación y particularmente la jurisprudencia venezolanas en las materias de los proyectos, pues había terminado de recopilar el material en 1962, en el Instituto de Codificación y Jurisprudencia del mismo Ministerio de Justicia, y además venía de haber trabajado intensamente al respecto con motivo de la presentación de mi Tesis de Doctor en 1964 justamente sobre: *Las Instituciones fundamentales del derecho administrativo y la Jurisprudencia venezolanas.*

Los proyectos los presentamos al Ministerio de Justicia a finales de 1965, habiendo yo conservado siempre copia mecanografiada a carbón de estos. En la época, los textos no pasaron de ser tales proyectos, a pesar de que dos de ellos llegaron a ser presentados por el Ejecutivo al Congreso.

Pasaron seis años después de aquel trabajo conjunto, y en 1971, cuando me correspondió presidir y dirigir la Comisión de Administración Pública de la Presidencia de la República, retomé los proyectos, los cuales, una vez revisados y actualizados, fueron incorporados al *Informe sobre la Reforma de la Administración Pública Nacional* que presenté a mitades de 1972 al Presidente Rafael Caldera, como parte de las propuestas de reforma legislativa formuladas en dicho Informe (Tomo II).

Los proyectos de 1972, por tanto, fueron básicamente los mismos de 1965, y son esos los que conforman este pequeño libro que he querido editar, no solo como homenaje personal a aquellos dos amigos y destacados profesores españoles, recordando el aporte que hicieron a nuestro derecho público, sino para rescatar las que pueden considerarse como las fuentes primaras de la legislación venezolana en las materias respectivas, conformada ahora por la Ley Orgánica de Procedimientos Administrativos (1981), la Ley Orgánica de la Jurisdicción Contencioso Administrativa (2010) y las normas de la Ley Orgánica del Tribunal Supremo de Justicia (2022) en materia de Jurisdicción Constitucional, incorporadas desde 1976.

Se trata, además, de un recuerdo personal sobre dos queridos amigos quienes además de haber dejado su huella en España como destacados profesores de derecho administrativo y derecho constitucional y de haber sido altos funcionarios del Estado (Sebastián Martín Retortillo fue, entre otras cosas, Ministro de las Administraciones Públicas; y Francisco Rubio fue, también entre otras cosas, Magistrado del Tribunal Constitucional y Presidente del Consejo de Estado), también hicieron un importante aporte para el progreso de la legislación en nuestro país, que tenemos que agradecerles.

La publicación de esta pequeña obra es en recuerdo y reconocimiento a ellos.

Nueva York, mayo de 2022.

# PRIMERA PARTE

# PROYECTO DE LEY SOBRE PROCEDIMIENTOS ADMINISTRATIVOS
(1965-1971)

## Sección primera:

## Exposición sobre el proyecto de ley de procedimientos administrativos (1965-1972)

**Este texto es el que se publicó, junto con el Proyecto, en el *Informe sobre la reforma de la Administración Pública Nacional,* Comisión de Administración Pública, 1972, Tomo 2.**

### I. INTRODUCCIÓN

La promulgación de una Ley de Procedimientos Administrativos constituye uno de los aspectos de mayor importancia en la labor de integración del ordenamiento jurídico de la República, por cuanto con leyes de esta naturaleza culmina el proceso de reducción del actuar administrativo a esquemas jurídicos de validez general, presupuesto necesario para la efectiva vigencia del Estado de Derecho.

Lo que hace apenas dos décadas aparecía como problemático, en el sentido de que muchos ordenamientos jurídicos se negaban a admitir la necesidad y la conveniencia de leyes de orden procedimental que sirvieran de marco para encauzar, mediante fórmulas precisas y determinadas, la multiplicidad de la actuación administrativa, es hoy realidad en diversos países, con prescindencia de su organización política y económica; hasta el punto que puede afirmarse que la tendencia expuesta cobra valor de axioma en el derecho comparado.

Una Ley de Procedimientos Administrativos aparece fundamentalmente dirigida a regular con carácter general el régimen jurídico de los actos administrativos, el que, junto con el del ejercicio de la potestad reglamentaria, constituye la manifestación fundamental de la actividad administrativa para el cumplimiento de los fines y cometidos que le asigna la conciencia política y jurídica en un país y una época determinados.

Así, el Proyecto de Ley de Procedimientos Administrativos que a continuación se publica es el texto que se incluyó en el *Informe sobre la reforma de la Administración Pública Nacional,* editado por la Comisión de Administración Pública bajo la dirección de quien edita este libro (Allan R. Brewer-Carías), el cual se basó íntegramente en el *Proyecto de Ley de Procedimientos Administrativos* que elaboré junto con los profesores Sebastián Martín-Retortillo B. y Francisco Rubio Llorente para la Consultoría Jurídica del Ministerio de Justicia en 1965.

Cuando elaboramos dicho proyecto, nos basamos fundamentalmente en los principios que se habían venido sentando en la materia por la jurisprudencia de la antigua Corete Federal y de Casación y la Sala Político Administrativa de la Corte Suprema de Justicia [como lo había expuesto en el libro: Allan R. Brewer-Carías, *Las Instituciones Fundamentales del Derecho Administrativo y la Jurisprudencia Venezolana*, Caracas 1964], teniendo igualmente en cuenta proyectos anteriores como el elaborado en 1961 y 1962 por una Comisión designada por la misma Comisión de Administración Pública (basado en un proyecto elaborado por el Dr. Tomás Polanco Alcántara) (Comisión de la cual fue Secretario quien edita este libro: Allan R. Brewer-Carías)].

El Proyecto, por supuesto, tiene un carácter fundamentalmente adjetivo, pues el contenido y los fines de la actuación administrativa han de venir determinados, para los diversos sectores en los cuales se ejerce aquella, por las distintas leyes especiales. Lo que conviene resaltar es que, mediante la determinación por vía general de la forma, de los procedimientos y de los órganos que han de intervenir en la elaboración de los actos administrativos —entre cuyos aspectos debe destacarse el sistema de revisión de sus actos por la misma Administración— se trata de hacer reconducir al seno de la propia Administración los esquemas del Estado de Derecho, cuya eficaz protección judicial requiere el respeto de los mismos en el iter del acto. En efecto, la protección jurisdiccional de los administrados no representa una garantía suficiente para la salvaguardia del Estado de Derecho, cuando aquélla sólo se ejerce de manera esporádica, a posteriori y respecto de ciudadanos capaces de organizar una defensa contra la Administración.

La decisión de aplicar al actuar administrativo los principios generales del procedimiento —cuyo ejemplo más acabado lo constituye el proceso judicial, pero que son anteriores y más generales que éste— requiere atender a las dos vertientes de dichos principios: como mecanismos, fases del proceso de la toma de decisiones, lo que involucra aspectos lógicos y sicológicos; y como garantía de los derechos e intereses de los particulares y, en general, de la corrección y eficiencia del actuar de los órganos administrativos. La regulación del processus de emanación de los actos administrativos debe por tanto conciliar ambos extremos, de modo que la protección de los derechos e intereses de los ciudadanos no sea obstáculo para la gestión eficaz, precisa y rápida de la Administración.

Ciertamente que no puede desconocerse el indudable valor de las técnicas organizativas y de gestión, pero tampoco debe perderse de vista su carácter instrumental, por lo que no debe continuarse con la tradición que relegaba todo el complejo de operaciones que preceden el acto administrativo al campo de la "técnica", de lo prejurídico —o a-jurídico —en el cual la discrecionalidad es, muchas veces, ropaje de la arbitrariedad. En efecto, la consideración técnica del hecho administrativo no es incompatible con su valoración jurídica. Al contrario, la experiencia de los países que han adoptado regímenes generales de procedimientos administrativos —valga mencionar el caso de

Austria, desde 1925, Estados Unidos de Norteamérica desde 1946 para la Administración Federal, y de España desde 1958, entre otros— demuestran cómo la adecuada regulación del actuar administrativo es presupuesto necesario para una administración pública eficaz.

El Proyecto que se propone, que se mantiene dentro del esquema clásico y común del derecho comparado, está dividido en cinco títulos: disposiciones fundamentales; de la actuación administrativa; de los procedimientos administrativos; de la revisión de los actos administrativos en vía administrativa; y disposiciones transitorias y finales.

En criterio de los proyectistas, la defensa del interés general no excluye el respeto de los derechos e intereses de los ciudadanos; por el contrario, debe verse en éstos unos colaboradores de la Administración y en ninguna manera sus contendores, ya que la participación de los administrados en la toma de decisiones administrativas sirve al interés general. En este orden de ideas, se han desarrollado en el Proyecto los siguientes principios básicos: 1) la acción administrativa no puede ser desarrollada sin el conocimiento de los interesados; 2) los interesados deben tener acceso al expediente administrativo, con las excepciones mínimas indispensables; 3) el funcionario encargado de decidir debe ser imparcial; 4) las decisiones deben ser motivadas, sobre todo cuando para dictarlas disponga la Administración de potestades discrecionales; 5) las decisiones deben ser estables, en el sentido de que los supuestos en los que proceda la revisión deben ser regulados, cuando dichas decisiones afecten derechos de los administrados; y 6) la renuencia a decidir por la Administración no puede constituirse en arbitrio para evitar el ejercicio de los recursos jurisdiccionales del administrado, para lo cual se consagra el silencio administrativo, con valor negativo; sin que ello releve a la Administración de su obligación de decidir, ni a los funcionarios de la responsabilidad por su omisión. La práctica del derecho comparado enseña que de la realización de los principios enunciados depende, en gran parte, la certidumbre de los administrados en sus relaciones con la Administración, su confianza en la acción del poder y, al mismo tiempo, la "buena administración" que los ciudadanos están en derecho de exigir.

## II. LAS DISPOSICIONES FUNDAMENTALES DEL PROYECTO

El Título I del Proyecto recoge, en tres capítulos, normas concernientes al ámbito de aplicación de la Ley; a las formas y los requisitos para la validez y la eficacia de los actos administrativos; y a la calificación de los administrados, en sus relaciones concretas con la Administración, como "interesados", vale decir, partes en causa.

El ámbito de aplicación de la ley está referido a la Administración Pública Nacional, de manera directa para la centralizada, y en forma supletoria para la descentralizada; por razones obvias, no se extiende la aplicabilidad de las normas a las Administraciones estadal y municipal. El Capítulo introductorio consagra además tres principios generales: el respeto de la competencia, el procedimiento y los fines de la actuación administrativa; la responsabilidad de los funcionarios y empleados públicos por la tramitación de los asuntos que les correspondan; y la fe pública que merecen las actuaciones que los órganos de la administración pública nacional realicen en ejercicio de sus funciones.

Con la norma indicada en último lugar se alude a la autenticidad que revisten, no solamente los actos administrativos, sino todas aquellas diligencias que los preceden o los continúan. Pero se trata de una autenticidad relativa, en el sentido de que las aserciones contenidas en aquellas, o la veracidad de su existencia pueden ser desvirtuadas por cualquier medio de prueba, dentro del procedimiento administrativo —constitutivo o de revisión— o ante la jurisdicción contencioso-administrativa. Se prefirió la formulación expuesta para indicar con ella la incongruencia de trasplantar al ámbito de la actuación administrativa instituciones forjadas por el derecho privado y que carecen de sentido fuera del mismo, en concreto, la noción de "instrumento público". La asimilación del "documento administrativo" al "documento público" del derecho privado reposa sobre el desconocimiento de las categorías administrativas que, sin embargo, han sido objeto de abundante análisis en nuestro país en ramas del derecho que, como el tributario, tienen una satisfactoria regulación adjetiva. En tal sentido, la jurisprudencia de los Tribunales de Impuesto sobre la Renta, ratificada por la de la Sala Político-Administrativa de la Corte Suprema de Justicia ha calificado siempre a las actas que recogen diligencias realizadas por los funcionarios fiscales como documentos que acreditan la veracidad de los hechos y circunstancias a las cuales se contraen, cuando han sido establecidas regularmente (documentos auténticos); pero no han negado la libertad de prueba del contribuyente para impugnarlas, dentro del curso del proceso, sin necesidad de acudir a la figura de la "tacha de instrumentos públicos". La disyuntiva de calificar a los documentos emanados de la administración como "documentos públicos" o "documentos privados" es falsa: no son ni lo uno ni lo otro. El concepto de "instrumento público" es indisociable, de la administración del derecho privado, es decir, de la intervención de un funcionario fedatario respecto de una actuación realizada total o parcialmente por particulares, para surtir efecto entre ellos y sujetándose a procedimientos y con garantías que justifican —amén del interés privado— el otorgar carácter solemne a dichas actuaciones y asimismo limitar los supuestos de impugnación y la oportunidad de hacerlas, en aras de la seguridad del comercio jurídico. La autenticidad que debe proteger a las actuaciones administrativas es de otro signo, y persigue distintas finalidades, por lo que no debe buscarse la aplicación a ellas de categorías elaboradas por el derecho privado.

El Capítulo II de las Disposiciones Fundamentales contiene un conjunto de principios de carácter material referido al acto administrativo, comenzando por la reiteración del principio de legalidad, que consiste no sólo en el respeto de la ley, sino también la sujeción de los actos de contenido individual a las previsiones de los de carácter general, aún en el supuesto de que los primeros emanen de una autoridad de igual o superior rango a la que dictó el segundo. En cuanto a la jerarquía de los actos de la administración, ella viene dada por la de la autoridad que los emana: Decretos, Resoluciones y Ordenes, las que pueden adoptar la forma de instrucciones o de circulares de servicio, o bien de reglamentos de organización interna. Se acoge igualmente el principio universal admitido en cuanto a la eficacia de los actos administrativos, la que requiere la publicación o la notificación de aquellos, en atención a que su contenido sea general o individual.

Un principio sobre el cual debe llamarse especialmente la atención es el que impone la obligatoriedad de motivar los actos de contenido individual, lo que se aparta de la tendencia a confundir el ejercicio de potestades discrecionales con la no motivación de los actos administrativos, a pesar de que la Corte Federal, primero y la Sala Político-Administrativa de la Corte Suprema de Justicia, luego, han acogido de manera reiterada el principio conforme el cual es respecto de aquella categoría de actos que la motivación debe ser exigida, pues su ausencia traería como consecuencia que el control jurisdiccional fuera poco menos que ilusorio. La obligación de motivar los actos administrativos no solamente constituye una necesaria garantía de los derechos de los administrados, sino también un eficaz mecanismo de profilaxis para la adecuación de las actividades administrativas a los fines perseguidos. Por otra parte, la obligación de motivar guarda estrecha relación con la publicidad de los actos administrativos, la cual sería incompleta sin la primera. En cuanto a la amplitud de la motivación, el proyecto se cuida de establecer fórmulas detalladas, como por ejemplo la transposición pura y simple de los preceptos que sobre la materia contiene nuestra legislación procesal y se limita a sentar el principio de que los actos administrativos deberán contener una referencia a los hechos y a los fundamentos legales de la decisión. Será en última instancia la jurisprudencia administrativa la que podrá establecer la amplitud de la motivación para las diversas categorías de actos administrativos. El propósito de la norma es que el funcionario debe decir —y decirse— los motivos que justifican la decisión tomada, así como que el destinatario de ésta pueda conocerlos y, eventualmente, atacarlos.

El Proyecto contiene una previsión dirigida a acotar el concepto de discrecionalidad, inspirada, por una parte, en diversos principios establecidos por nuestra jurisprudencia a propósito del control de los hechos por el juez administrativo; y por la otra, en una disposición que aparece en un texto especial —el Reglamento General de Alimentos— pero que tiene valor de principio general del derecho, y que el Proyecto formula en los siguientes términos: "Cuando una disposición legal o reglamentaria deja alguna medida o providencia a juicio de la autoridad competente, dichas medidas o providencias deben estar fundadas en principios, normas o apreciaciones de carácter técnico y en todo caso guardar la debida proporcionalidad y adecuación con la situación de hecho y con los fines señalados por la norma".

Para completar la regulación sustantiva del acto administrativo, el Proyecto disciplina los supuestos de nulidad y anulabilidad de éstos, siguiendo la tendencia generalmente admitida de limitar los casos de nulidad a los taxativamente enumerados y, paralelamente, señalar los supuestos en los que los vicios de forma del acto pueden dar lugar a la anulabilidad, todo ello dentro del propósito de conciliar la estabilidad de las decisiones administrativas con el respeto de los derechos e intereses legítimos de los ciudadanos.

En lo que concierne a la mutabilidad de la acción administrativa, ella se consagra en forma plena respecto de los actos que no originen derechos o intereses legítimos, personales y directos para algún particular, los cuales podrán ser revocados en cualquier momento. En caso contrario, los administrados tienen derecho a la estabilidad de los actos administrativos, salvo cuando éstos estén viciados de nulidad, conforme se señala en el Proyecto al tratar de la revisión de los actos administrativos en vía administrativa.

Las disposiciones fundamentales del Proyecto concluyen con la regulación del carácter de "interesado", objeto del Capítulo III del Título I. Luego de la reafirmación del derecho constitucionalmente consagrado a dirigir instancias o peticiones a las autoridades públicas y a obtener oportuna respuesta, se vincula el carácter de interesado —y, en consecuencia, el ejercicio de los derechos que el proyecto consagra— a la legitimación derivada de la titularidad de un derecho subjetivo o de un interés legítimo, personal y directo que pueda resultar afectado con la decisión. Las condiciones de capacidad, por el contrario, quedan referidas al derecho común, a reserva de expresas excepciones en algún texto especial. Se establece igualmente la posibilidad para los interesados de hacerse representar, con el cumplimiento de las formalidades del derecho común, así como la de estar asistido de abogado. En todo caso, la designación de representante no releva al particular de la obligación de comparecer personalmente, cuando ello le fuere exigido en virtud de ley o disposición reglamentaria.

## III. EL RÉGIMEN RELATIVO A LA ACTUACIÓN ADMINISTRATIVA

El Título II del Proyecto contiene un conjunto de preceptos destinados a regular, en primer término, la articulación de las técnicas de organización y racionalización del actuar administrativo con los imperativos de la sujeción al derecho; en segundo lugar, las garantías de imparcialidad de los funcionarios administrativos, mediante el recurso a las figuras de la inhibición y la recusación; en tercer lugar, lo relativo al cómputo de los términos y plazos; y, por último, las formalidades mínimas en cuanto al ingreso de documentos, instrumento de la seguridad jurídica de los ciudadanos.

La economía, la celeridad y la eficacia deben ser los criterios que orienten la actividad administrativa, los que además orientarán la interpretación y aplicación de las normas procedimentales. El Proyecto parte del postulado de la necesidad de sujetar la actuación administrativa a esquemas jurídicos, pero no a formalismos paralizantes, en la convicción de que una clara y precisa regulación de las etapas procedimentales disminuye el papeleo inútil y agiliza la acción de las autoridades administrativas. Es por ello que se impone una interpretación finalista de las normas procedimentales.

Los progresos de las ciencias de la información no son incompatibles con el respeto de los derechos e intereses de los ciudadanos, como no lo son tampoco los de las técnicas de organización y de gestión. La mecanización y demás adelantos técnicos, bien aplicados, facilitan la humanización de las relaciones entre la Administración y los ciudadanos, lo cual es necesario para lograr que éstos, antes que contendores, sean colaboradores de aquella.

La garantía de la imparcialidad de los funcionarios administrativos está resuelta en el Proyecto —siguiendo con ello las orientaciones del derecho comparado— con el uso de mecanismos perfeccionados por la legislación procesal: la inhibición y la recusación. Luego de consagrar la obligación de inhibirse que tienen las autoridades administrativas, se indican los supuestos en los cuales aquella opera y se arbitra un procedimiento sumario para que el superior jerárquico decida. Simétricamente, se consagra el derecho del interesado a recusar al funcionario incurso en algún supuesto de inhibición y el procedimiento aplicable. Sin embargo, y por cuanto la agilidad del procedimiento administrativo y la estabilidad de los actos de la Administración así lo exigen, se da un tratamiento apropiado a las consecuencias de los principios expuestos. Así, la no inhibición del funcionario en los casos que ésta procediere compromete la responsabilidad del mismo, pero no implica necesariamente la invalidez de los actos en que hubiera intervenido; de la misma manera, no obstante, la inhibición o la recusación, el funcionario deberá realizar las actividades que no puedan sufrir demora.

El Capítulo III del Título II contempla, por un deseo de unidad, algunas reglas sobre la forma cómo han de computarse los términos y plazos, de contenido similar a las tradicionalmente previstas en el Código Civil. Merece destacarse, sin embargo, el principio que ordena que el inicio de todo término opera desde el día siguiente a la publicación o la notificación del acto administrativo de que se trate y que, salvo disposición en contrario, se computarán tan sólo los días hábiles, asimilando tal noción a la de día laborable.

En lo que concierne a la recepción de documentos, el Proyecto establece las bases para un desarrollo reglamentario de esta actividad, cuya importancia práctica es innegable en la medida que de ella depende la constancia del oportuno o extemporáneo ejercicio de recursos por los ciudadanos. Por ello, se consideró indispensable indicar al menos las necesarias formalidades de garantía de que debe estar revestida tal actividad, entre ellas, la obligación de dar recibo al presentante de todo documento, con indicación del número de registro que le corresponda.

## IV. EL RÉGIMEN RELATIVO A LOS PROCEDIMIENTOS ADMINISTRATIVOS

El Título III del Proyecto regula de una manera flexible las etapas y las formalidades conforme a las cuales ha de desarrollarse la actividad administrativa, refiriéndose, en otros tantos Capítulos, al procedimiento ordinario, al procedimiento sumario, a la publicación y notificación de los actos administrativos y a la ejecutoriedad de dichos actos.

Ha sido intención de los redactores establecer esquemas generales, aplicables a la multiplicidad de campos que abarca la acción administrativa, pero solamente en la medida que se proyecte hacia el exterior, es decir, cuando aquella culmine en actos susceptibles de afectar la esfera de los derechos e intereses legítimos de los ciudadanos. Es por ello que quedan fuera del ámbito de aplicación del proyecto, por una parte, todo el sector de actividad —cuantitativamente muy importante— que se desenvuelve dentro de la propia Administración y comprende las relaciones interorgánicas— en especial, la emanación de reglamentos.

Si una decisión administrativa puede lesionar los derechos o los intereses legítimos de algún ciudadano, el mecanismo para la producción de aquella ha de adecuarse a las previsiones del Capítulo I —del procedimiento ordinario— mediante el cual se persigue conciliar la celeridad y eficacia de la acción administrativa con el respeto de la esfera de libertad del ciudadano. Se regulan de manera sucinta las etapas lógicas y cronológicas del procedimiento: la iniciación, que puede ser de oficio o a solicitud del interesado; la sustanciación, vale decir, el acopio de todas las informaciones y circunstancias de hecho que han de ser valoradas como elementos de la decisión; y la terminación, que puede revestir una forma normal —la decisión expresa— o anómala —la implícita —o bien puede derivar de la renuncia o desistimiento del particular o de la inacción de éste, para el caso de que el procedimiento haya sido iniciado a su instancia. El respeto del procedimiento encuentra su correspondencia práctica en la necesidad de formar expedientes que recojan las fases de aquél. El Capítulo I del Título III, en sus diversas Secciones resume el iter de la decisión y establece los mecanismos de articulación de la actividad del particular en la actividad administrativa.

Además de la referencia a las formas de iniciación del procedimiento, se indican los extremos que han de llenar las instancias de los administrados, así como la obligación del funcionario a quien correspondiere el inicio de la tramitación de indicar al interesado las fallas u omisiones que observare, devolviéndole la solicitud para que aquellas sean subsanadas. Por razones de elemental justicia, se prevé que si el particular rectifica los defectos de su solicitud y la presenta de nuevo dentro de los diez días siguientes a la fecha en que le hubiere sido devuelta, se considerará que la presentación fue realizada en la primera oportunidad; caso contrario, se presumirá el desistimiento del interesado.

La sustanciación del procedimiento está siempre a cargo de las autoridades administrativas, quienes deben impulsarlo de oficio en todas sus etapas, y llevar a cabo todas las diligencias necesarias para la determinación de las circunstancias relevantes para la decisión. Los interesados, por su parte, tienen el derecho de conocer el estado en que se encuentre el expediente, de dirigir las comunicaciones que estimen pertinentes y de aportar las probanzas de que dispongan. En cuanto a los medios de prueba, son aplicables todos los del derecho común. Sin embargo, para respetar el propósito que guía el Proyecto, no se prevé que necesariamente deba abrirse un período de pruebas en todo procedimiento, sino que se deja al criterio del funcionario sustanciador —de oficio o a solicitud de parte— la apertura de aquél. En tal caso, el lapso no podrá exceder de veinte días, con una eventual prórroga por veinte días más, si la complejidad del asunto lo justificare.

Aun cuando el proyecto abarca sólo la regulación adjetiva de las actividades de relación, es decir, las dirigidas hacia el exterior y no a las que tienen carácter interno, es preciso sentar aunque sea un conjunto mínimo de preceptos respecto de las actividades internas en cuanto preparatorias de una decisión administrativa que habrá de proyectarse fuera del ámbito del órgano. Dichas previsiones comprenden, por una parte, el régimen de la solicitud y evacuación de informes, con indicación de términos breves para ello y los principios de que los informes, salvo disposición legal en contrario, no tienen carácter vinculante para la autoridad que hubiere de decidir el expediente; y que la omisión de los mismos no paraliza la tramitación del asunto, salvo cuando la ley les acuerde carácter preceptivo, sin perjuicio de la responsabilidad que corresponda al funcionario por la omisión o demora. En este sentido, se consagra el carácter preceptivo del informe que debe emitir la Consultoría Jurídica respectiva y la oportunidad en que debe hacerse.

La normativa de la sustanciación del procedimiento finaliza con el desarrollo del principio de la libertad de acceso al expediente, así como el derecho de obtener copia de cualquier pieza, con las siguientes excepciones: a) cuando se trate de documentos calificados como confidenciales por el superior jerárquico del organismo; b) cuando la divulgación de un documento pueda causar perjuicio a algún tercero; y c) respecto de los proyectos de resoluciones y de los informes de órganos consultivos. La decisión que niegue el acceso al expediente deberá ser motivada. En todo caso, las excepciones enunciadas son de interpretación restrictiva y postulan el señalamiento de pautas generales, por las autoridades administrativas competentes, sobre los criterios de calificación de la "confidencialidad". La norma comentada viene a llenar un vacío en nuestro derecho, pues siempre ha regido el principio contrario —el no acceso al expediente— conforme con la orientación tradicional de nuestras leyes de organización administrativa, en especial, del Estatuto Orgánico de Ministerios, que consagra el carácter reservado de los archivos de la Administración.

Ahora bien, el carácter reservado en referencia —que subsiste en el Proyecto de Ley Orgánica de la Administración Pública Nacional [que elaboramos igualmente en la Comisión de Administración Pública]—no excluye ni puede excluir la garantía fundamental de acceso al expediente, sin la cual es ilusoria la defensa de los derechos e intereses de los particulares. Ambos principios encuentran su conciliación con solamente hacer referencia al carácter general del primero, que está referido a todos los administrados y a la naturaleza especial del segundo, aplicable a una categoría concreta y determinable de ciudadanos: los interesados afectados por la misma. Es inadmisible hoy día el extendido y antiguo prejuicio de la Administración de considerar el secreto como una virtud y una necesidad para su actuación, prejuicio que dificulta la plena vigencia del Estado de Derecho, afirmada, sin embargo, en los propios textos constitucionales.

El término para la conclusión del procedimiento ordinario no puede exceder de seis meses, contados a partir de la solicitud del interesado o de la notificación que se le haga en el supuesto de acción de oficio, salvo que medien causas excepcionales que justifiquen la prórroga, de la cual se deberá notificar. Luego de establecer los elementos mínimos que debe contener toda decisión administrativa, el Proyecto consagra de manera general la figura conocida en el derecho comparado como "silencio administrativo" acordándole valor negativo: la ausencia de respuesta a una instancia del particular en el término indicado o en la prórroga que se hubiere acordado antes de fenecer aquél, equivale a la negativa. Esta figura no es extraña en nuestro país, pues ha sido consagrada por lo menos en dos textos, el uno de rango legal —la Ley Orgánica de la Procuraduría General de la República, respecto de las reclamaciones previas al ejercicio de acciones contra la República— y el otro de rango reglamentario —el Reglamento de la Ley de Regulación de Alquileres, respecto a la solicitud de autorización para arrendar un inmueble por un canon convencional—. La consagración del silencio administrativo tiene por finalidad salvaguardar los derechos de los administrados y preservar la seguridad jurídica, abriendo el camino para el ejercicio de recursos —administrativos o jurisdiccionales— por los interesados; en manera alguna puede verse en ella licencia para la inactividad de los órganos y funcionarios administrativos, cuya responsabilidad por la omisión o la demora les será siempre exigible. De la misma manera, el acordarle un valor al silencio no impide la posibilidad y no releva de la obligación de decidir en forma expresa, solamente que, si esta última es negativa, los términos para los eventuales recursos comenzarán a contarse de nuevo, esta vez a partir de la decisión.

Otra eventual forma de terminación del procedimiento es la renuncia o el desistimiento del interesado, cuando aquél haya sido iniciado a instancias de éste. El desistimiento o renuncia, sin embargo, no determina necesariamente la conclusión del procedimiento pues, en caso de pluralidad de interesados, ha de continuarse la tramitación si los demás así lo solicitaren y, en todo caso, la Administración puede llevarla adelante si juzga que existen para ello razones de interés general.

A pesar del principio ya enunciado conforme al cual el procedimiento ha de impulsarse de oficio, el Proyecto acoge, en aras de la estabilidad de las relaciones jurídicas, la figura de la perención: la inactividad del particular, su desinteresamiento, da lugar a que se considere finalizado el procedimiento iniciado a sus instancias. En este orden de ideas, se establece que el procedimiento perime si permanece paralizado durante tres meses por causa imputable al solicitante, contados a partir del apercibimiento que debe hacerle la autoridad administrativa correspondiente. Naturalmente, la previsión anotada no es aplicable cuando la ausencia de gestiones del interesado obedezca al transcurso del término fijado para la decisión, pues en dicho supuesto se presume la existencia de una decisión denegatoria. En cuanto a los efectos de la perención, su declaratoria no extingue los derechos y acciones del interesado, pero si hace desaparecer la interrupción que respecto del término de prescripción de las mismas haya significado la solicitud que originó el procedimiento perimido.

En los casos en que no sea de obligatoria observancia el procedimiento ordinario, las autoridades administrativas podrán adoptar uno de carácter sumario, tipificado por la brevedad del término para decidir —treinta días— y por la omisión de pruebas o defensas aportadas por los eventuales interesados, pues el respeto de las garantías de defensa se reporta al momento que precede la decisión, una vez instruido el expediente. Es en dicha oportunidad cuando los posibles interesados serán oídos, concediéndoles al efecto un término de cinco días, contados a partir de su notificación.

El Capítulo III del Título que se analiza contiene principios relativos a la publicación y notificación de los actos administrativos, las cuales se califican como requisito esencial para la eficacia de los mismos. La publicación procede respecto de los actos de contenido general así como de aquellos que puedan afectar a un grupo indeterminado de personas. La notificación, por su parte, es obligatoria respecto de todo acto que afecte los derechos o intereses de algún particular y deberá contener la transcripción completa del acto que se notifica, indicar si el mismo es definitivo y los recursos que procedan, con indicación del término para ejercerlos y de los órganos o Tribunales competentes. La notificación que no contemple todos los extremos indicados no surtirá efectos sino vencidos quince días de practicada. Con esta norma se busca proteger a los administrados, pues si bien la ignorancia de la Ley no excusa de su cumplimiento, hay que reconocer que la multiplicidad de textos en materia administrativa resta credibilidad, en la práctica, al postulado que fundamenta el principio ya expuesto. En el mismo orden de ideas, si la errónea o extemporánea interposición de un recurso contra algún acto es consecuencia de una información equivocada en la notificación del mismo, el particular podrá proponerlo de nuevo, computándose el término para hacerlo a partir de la resolución o sentencia que hubiere declarado la incompetencia del órgano o la extemporaneidad del recurso.

En cuanto a los medios idóneos para practicar la notificación, se establece una amplia gama, exigiéndose tan sólo que quede constancia de la fecha de recibo de la comunicación y del contenido de ésta. Cuando el interesado haya efectuado señalamiento de un lugar al que le deberá ser dirigida toda correspondencia —como se establece en el Proyecto, al señalar los requisitos que deben llenar las instancias o solicitudes dirigidas a la Administración— se presume válida la notificación practicada a cualquiera de las personas que se encuentren en dicho lugar. Si no es posible la notificación personal, se podrá verificar mediante la publicación del acto en cuyo caso se entenderá consumada una vez transcurridos quince días a contar de la fecha de la publicación.

El Título III finaliza con el establecimiento de los principios generales que deben guiar la ejecución de las decisiones administrativas. Se reafirma, en primer lugar, que la decisión expresa es el fundamento necesario de cualquier actividad material de los órganos o funcionarios administrativos que menoscabe o perturbe el ejercicio de los derechos de los ciudadanos; más, correlativamente, que toda decisión administrativa es susceptible de inmediata ejecución, por lo que la interposición de cualquier recurso no la suspende ni paraliza. Este principio tradicional en derecho administrativo tiene como justificación la necesaria celeridad y eficacia de la acción administrativa, pero no excluye la posibilidad de que, en casos justificados, el funcionario o su superior jerárquico puedan ordenar la suspensión de la ejecución pudiendo a tal efecto exigir la constitución de garantía suficiente.

La ejecución de oficio procede solamente ante la renuencia del destinatario de la orden, una vez apercibido, con las siguientes excepciones: 1) si se tratare de la entrega de cuerpos ciertos, o bien de cantidades de dinero u otros bienes fungibles; y 2) si una norma legal hace obligatoria la intervención de la autoridad judicial. La ejecución forzosa por la Administración, teniendo en cuenta el carácter personalísimo o no de la prestación a cargo del particular, se realizará bien mediante la sustitución de la actividad del obligado por la de la Administración, o de un tercero, por cuenta del primero, o si tal sustitución no es posible, mediante la imposición de multas coercitivas, siempre que una norma de derecho material lo autorice. De la manera expuesta, se procura conciliar la garantía de la propiedad, mediante la intervención de la autoridad judicial y con las garantías y defensas del proceso, con la realización práctica y expedita de la actividad de la Administración.

## V. EL RÉGIMEN RELATIVO A LA REVISIÓN DE LOS ACTOS ADMINISTRATIVOS

Como es evidente, el Proyecto se limita a la revisión de los actos administrativos en vía administrativa, acudiendo a la distinción tradicional entre la revisión de oficio y la provocada por el administrado mediante el ejercicio de algún recurso.

Los supuestos contemplados en lo relativo a la revisión de oficio son los dirigidos a señalar la latitud administrativa en el uso de su potestad revocatoria, la que solamente puede operar respecto de los actos que no sean declarativos o constitutivos de derechos para los particulares. Sin embargo y siguiendo con ello la orientación del derecho italiano, se estima que los actos nulos —por alguno de los motivos indicados en el Proyecto— no pueden haber creado válidamente derechos, por lo que pueden ser revocados por la propia Administración, en cualquier tiempo.

Objeto de especial atención fue la disciplina de los recursos administrativos, contenida en el Capítulo II de este Título, en el cual se regulan, sucesivamente, los aspectos comunes a todos los consagrados y, en el mismo orden, la de los dos recursos ordinarios —jerárquico y de reconsideración— y la del recurso extraordinario de revisión. El carácter excepcional de este último viene dado no solamente por los términos especiales para su interposición, sino fundamentalmente por la enumeración taxativa de los supuestos en los cuales es admisible.

La orientación que guía al Proyecto en esta materia es la de ofrecer mecanismos ágiles para la revisión de los actos administrativos y evitar que el particular tenga como única vía de remedio la jurisdiccional, más lenta y costosa. Se prevé, además, la necesaria articulación de los recursos administrativos ordinarios con el recurso jurisdiccional, bajo la exigencia —desarrollada en la ley respectiva— del agotamiento de la vía administrativa. A tal fin, es obligatoria la interposición del recurso jerárquico, salvo expresa declaratoria en contrario de un texto legal, o bien cuando el acto emane directamente de la máxima autoridad del organismo. Por el contrario, no se establece la obligatoriedad del ejercicio del recurso de reconsideración, pero se determina un término preclusivo para ello —más corto, evidentemente, que el del recurso jurisdiccional— para evitar que el uso de aquel recurso sirva para reabrir este último.

Las disposiciones generales de este Capítulo determinan el campo de aplicación de los recursos administrativos: para los ordinarios, en forma amplia —además de los actos que pongan fin a un procedimiento, aquellos que impidan su continuación, dejen indefenso al interesado o, en fin, prejuzguen la resolución definitiva— y en forma taxativa para el extraordinario de reconsideración, como se indica en la Sección respectiva.

Luego de la enunciación de los requisitos que debe llenar todo escrito mediante el cual se proponga algún recurso, se dispone expresamente que el error en la calificación del mismo no impide su tramitación, siempre que del escrito presentado pueda deducirse el carácter de aquél.

Por virtud de la ejecutoriedad de los actos administrativos, la interposición de cualquier recurso no suspende la ejecución, principio que tiene como correctivo la posibilidad del funcionario de paralizar aquella, en casos justificados.

El desplazamiento de la competencia del órgano inferior hacia el superior, que es de la naturaleza de los recursos jerárquicos y de revisión, explica la prohibición expresa de resolver por delegación recursos de esta índole contra actos dictados en ejercicio de atribuciones propias del órgano delegatario. Si por el contrario el acto impugnado fue tomado en virtud de delegación, el problema ni siquiera se plantea, porque en estos casos se entiende que el acto ha emanado del delegante, a todos los efectos.

Al regular en forma concreta el recurso jerárquico, el Proyecto indica los órganos competentes para conocer, en función de la estructura administrativa adoptada en el Proyecto de Ley Orgánica de la Administración Pública Nacional, y limita el ejercicio a uno solo, señalando a tal efecto que el acto dictado en resolución de algún recurso jerárquico agota la vía administrativa.

El término para recurrir es de quince días, contados a partir de la notificación del acto y el de resolución del recurso de tres meses, acordándose valor negativo al silencio. El procedimiento aplicable para la tramitación es el señalado con carácter ordinario en el Proyecto.

El recurso de reconsideración —que se interpone ante el mismo órgano que dictó la resolución—, solamente procede respecto de aquellas decisiones que pongan fin a la vía administrativa, es decir, no susceptibles de recurso jerárquico, siempre que el acto no sea a su vez la resolución de uno de estos recursos. El término de interposición es también de quince días. No pueden solicitarse ulteriores reconsideraciones lo que se justifica tanto por la celeridad de la actuación administrativa como por el deseo de lograr la estabilidad de los actos en los que se manifiesta aquella.

El recurso de revisión, a cuyo carácter extraordinario se ha hecho referencia, está dirigido a prever algunas situaciones similares a las resueltas en nuestro derecho procesal a través del juicio de invalidación de sentencia. Este recurso ha de proponerse para ante la máxima autoridad jerárquica —el Ministro— en alguno de estos supuestos excepcionales: el hallazgo de documentos desconocidos para la época de la tramitación del acto, que tengan valor esencial para la resolución del asunto; la declaratoria judicial de falsedad de documentos o testimonios que hubieren influido de manera decisiva en la resolución que se impugna; y por último, la declaratoria judicial de que la decisión administrativa fue adoptada por cohecho, violencia, soborno u otra manifestación fraudulenta. El término para ocurrir en solicitud de revisión es de tres meses, contados a partir de la publicación de las sentencias, o del conocimiento de los documentos, en sus casos.

## VI. LA APLICACIÓN PROGRESIVA DE LA LEY

La multiplicidad de procedimientos consagrados de manera casuística en textos de valor legal o reglamentario plantea el espinoso problema de la aplicación de las normas del Proyecto, una vez promulgado. Se ha considerado muy difícil la solución directa en el texto del mismo, por lo que se prefirió establecer indicaciones al Poder Ejecutivo, para el desempeño de tal labor, partiendo del principio de la aplicación subsidiaria de los procedimientos de la ley, respecto de las actuaciones disciplinadas también por Ley, reduciendo por tanto el ámbito de la armonización a los establecidos reglamentariamente. Para estos últimos, se impone un término —un año —al Ejecutivo Nacional para unificar los procedimientos que no tengan carácter especial, lapso durante el cual se acuerda una vacatio legis. Para facilitar la determinación de los procedimientos especiales, las disposiciones transitorias contienen una enumeración bastante amplia, complementada en todo caso por la atribución que se otorga al Ejecutivo Nacional para agregar otros casos a esta categoría.

La total vigencia del Proyecto, una vez promulgado, requerirá la voluntad decidida de la Administración de poner al día y someter a esquemas comunes sus diversas actividades, para lo que el Proyecto ofrece esquemas suficientemente flexibles.

**[Este proyecto de Ley de Procedimientos Administrativos de 1965, con la revisión que le hicimos en 1972, tiene la enorme importancia de que sirvió de fuente de inspiración directa de la *Ley Orgánica de Procedimientos Administrativos* vigente, sancionada en 1981 (*Gaceta Oficial* No. 2.818 Extra de 1 de julio de 1981), cuyo articulado reproduce casi integralmente sus normas].**

## Sección Segunda:

## Proyecto de ley de procedimientos administrativos (1965 / 1971)

**Al final de cada artículo he incluido, entre paréntesis La referencia a la norma equivalente en el texto de la *Ley Orgánica de Procedimientos Administrativos* vigente de 1981.**

# TITULO I
# DISPOSICIONES FUNDAMENTALES

## CAPITULO I
### Disposiciones generales

*Artículo* 1. La Administración Pública Nacional ajustará su actuación a las prescripciones de la presente Ley, las cuales serán supletorias de las normas que rigen el procedimiento administrativo de los entes descentralizados. (Art. 1, LOPA 1981).

Los procedimientos previstos en esta ley serán de obligatoria observancia cuando no hubiere alguno especialmente señalado por Ley. (Art. 3, LOPA 1981).

*Artículo* 2. La actividad de la administración pública deberá ser desarrollada por el órgano competente, de conformidad con el procedimiento establecido y ajustándose su contenido en todo caso, a las normas y principios que integran el ordenamiento jurídico de la República.

*Artículo* 3. Los funcionarios y demás personas que presten servicio a la administración pública serán responsables de la tramitación de los asuntos cuyo conocimiento les corresponda.

Los interesados podrán reclamar ante el superior jerárquico del funcionario responsable, de la tramitación de algún procedimiento, o bien la omisión de trámites esenciales.

La reclamación no acarreará la paralización del procedimiento, sin perjuicio de que sean subsanadas las fallas u omisiones y dará lugar a la imposición de las sanciones disciplinarias correspondientes al funcionario que resulte responsable de la infracción denunciada. (Art. 3, LOPA 1981).

*Artículo* 4. Las actuaciones que los órganos de la Administración Pública Nacional realicen en ejercicio de sus funciones merecen fe pública.

## CAPITULO II

### DE LOS ACTOS ADMINISTRATIVOS

*Artículo* 5. Ningún acto administrativo podrá violar las normas y principios contenidos en la Constitución, en las leyes y en las disposiciones administrativas de carácter general, que la administración en modo alguno, podrá aplicar o interpretar arbitrariamente sino sólo de acuerdo con los fines señalados en las mismas.

*Artículo* 6. Ningún acto administrativo podrá violar lo establecido en otro de superior jerarquía; ni los de carácter particular vulnerar lo establecido en una disposición administrativa de carácter general, aun cuando fueren dictados por autoridad igual o superior a la que dictó la disposición general. (Art. 13, LOPA 1981).

*Artículo* 7. Los actos administrativos tienen la siguiente jerarquía: decretos, resoluciones ministeriales y órdenes dictadas por órganos y autoridades administrativas. (Art. 14, LOPA 1981).

*Artículo* 8. Adoptarán la forma de decretos, las disposiciones emanadas del Presidente de la República.

Los decretos serán refrendados por aquél o aquellos de los Ministros a quienes corresponda la materia; o por todos, cuando la decisión haya sido tomada en Consejo de Ministros o, si a juicio del Presidente, la importancia del acto lo requiere. (Art. 15, LOPA 1981).

*Artículo* 9. Las resoluciones son decisiones de carácter general o particular, adoptadas por los Ministros, por disposición del Presidente de la República. (Art. 16, LOPA 1981).

Las resoluciones ministeriales deben ser suscritas por el Ministro respectivo.

*Artículo* 10. Cuando la materia de una resolución corresponda a más de un Ministro, ésta deberá ser suscrita por aquellos a quienes concierne el asunto.

*Artículo* 11. Las órdenes son mandatos de las autoridades administrativas, dirigidos a los particulares o a los funcionarios y empleados públicos. Las órdenes dirigidas a los funcionarios y empleados podrán adoptar la forma de reglamentos de organización interna, instrucciones o circulares de servicio.

La jerarquía normativa de las órdenes corresponderá a la de los funcionarios de quienes emanen.

*Artículo* 12. Para que produzcan efectos jurídicos, los actos administrativos de carácter general deberán ser publicados en la Gaceta Oficial de la República de Venezuela. (Art. 72, LOPA 1981).

Los actos administrativos de carácter particular, deberán ser notificados personalmente a los interesados, sin perjuicio de su publicación en la Gaceta Oficial de la República de Venezuela, cuando así lo disponga la ley o se lo considere conveniente. (Art. 73, LOPA 1981).

*Artículo* 13. Los actos administrativos de carácter particular, excepto los de simple trámite y salvo expresa disposición legal en contrario, deberán ser motivados. .A tal efecto, deberán contener una referencia a los hechos y a los fundamentos legales del acto. (Art. 9, LOPA 1981).

*Artículo* 14. Cuando una disposición legal o reglamentaria deja alguna medida o providencia a juicio de la autoridad competente, dichas medidas o providencias deben estar fundadas en principios, normas o apreciaciones de carácter técnico v en todo caso guardar la debida proporcionalidad y adecuación con la situación de hecho y con los fines señalados por la norma. (Art. 12, LOPA 1981).

*Artículo* 15. Los actos de la administración serán nulos de pleno derecho en los siguientes casos:

1. Cuando así esté expresamente determinado por una norma constitucional o legal.
2. Cuando resuelvan un asunto precedentemente decidido con carácter definitivo y que haya creado derechos a particulares.
3. Cuando su contenido sea de imposible ejecución o bien conduzca a la comisión de hechos delictivos; y
4. Cuando hubieren sido dictados por autoridades manifiestamente incompetentes o con prescindencia total y absoluta del procedimiento legalmente establecido.

Cualesquiera otros vicios de los actos administrativos, los harán anulables de acuerdo con el sistema de recursos consagrados por esta ley y por la de la Jurisdicción Contencioso-Administrativa. (Art. 19, LOPA 1981).

*Artículo* 16. Si cualquiera de los vicios señalados en el artículo precedente afectare sólo a una parte del acto administrativo, el resto del mismo, en lo que puede ser independiente, continuará teniendo plena validez. (Art. 21, LOPA 1981).

*Artículo* 17. Los vicios de forma de los actos administrativos darán lugar a la anulabilidad del acto en los siguientes casos:

1. Cuando se trate de la ausencia total de la motivación, salvo que alguna disposición legal exima de la obligación de motivar; y
2. Cuando se haya producido indefensión del particular que resulte afectado por el acto en un derecho subjetivo o en un interés legítimo, personal y directo. (Art. 20, LOPA 1981).

*Artículo* 18. La administración podrá convalidar en cualquier momento los actos anulables, subsanando los vicios de que adolezcan. (Art. 81, LOPA 1981).

*Artículo* 19. Los actos administrativos que no originen derechos o intereses legítimos, personales y directos para un particular, podrán ser revocados en cualquier momento, en todo o en parte, por la misma autoridad que los dictó o por el respectivo superior jerárquico. (Art. 82, LOPA 1981).

*Artículo* 20. Ningún acto o disposición administrativa podrá crear penas, ni imponer contribuciones, tasas u otras cargas. (Art. 10, LOPA 1981).

## CAPITULO III

### De los interesados

*Artículo* 21. Toda persona natural o jurídica podrá dirigir instancias o peticiones a cualquier organismo, entidad o autoridad administrativa. Estos deberán resolver las instancias o peticiones que se les dirijan siempre que sean formuladas por personas directamente interesadas o bien declarar, en su caso, los motivos que hubiere para no hacerlo.

*Artículo* 22. Las personas que formulen a una autoridad administrativa una petición o recurso y aquellas otras a las que pueda dirigirse una determinada actividad de la administración, se considerarán interesados a los efectos de esta ley, siempre y cuando sean titulares de un derecho subjetivo o de un interés legítimo, personal y directo que puedan resultar afectados por la resolución administrativa. (Art. 22, LOPA 1981).

*Artículo* 23. La condición de interesados la tendrán también quienes ostenten las condiciones de titularidad señaladas en el artículo anterior, aunque no hubieran intervenido en la iniciación del procedimiento, pudiendo en tal caso apersonarse en el mismo en cualquier estado en que se encuentre la tramitación. (Art. 23, LOPA 1981).

*Artículo* 24. Por lo que se refiere a sus relaciones con la administración pública, las cuestiones relacionadas con la capacidad jurídica y la capacidad de obrar de los administrados serán las establecidas con carácter general en el Código Civil, cuando no se establezca expresamente de otro modo. (Art. 24, LOPA 1981).

*Artículo* 25. Cuando no sea expresamente requerida su comparecencia personal, los interesados o sus representantes legales podrán hacerse representar, entendiéndose en tal caso las actuaciones administrativas con quien de acuerdo con lo que establece el artículo siguiente fuera designado como representante. (Art. 25, LOPA 1981).

*Artículo* 26. La representación señalada en el artículo anterior podrá ser otorgada en documento público o en documento privado en forma autenticada (Art. 26, LOPA 1981).

*Artículo* 27. En sus relaciones con la administración los interesados podrán estar asistidos por abogado, de conformidad con la ley que rige la materia.

*Artículo* 28. La designación de representante no excluye ni la posibilidad ni la obligación de intervenir por quien lo hubiere designado, así como el cumplimiento de las obligaciones que con carácter personal hubieran de ser realizadas.

*Artículo* 29. Los administrados están obligados a facilitar a la administración las respuestas, informes e investigaciones que aquella pueda ordenar siempre y cuando vengan establecidas por ley o por las disposiciones administrativas que en ejecución de las mismas puedan dictarse. (Art. 28, LOPA 1981).

*Artículo* 30. Los administrados estarán obligados a comparecer en las oficinas públicas siempre y cuando fueran requeridos a hacerlo en base a una ley o a una disposición reglamentaria de carácter general. (Art. 29, LOPA 1981).

# TITULO II
# DE LA ACTUACIÓN ADMINISTRATIVA

## CAPITULO I
### DISPOSICIONES GENERALES

*Artículo* 31. La actuación administrativa se desarrollará con arreglo a normas de economía, celeridad y eficacia.

Las autoridades superiores de cada organismo velarán por el cumplimiento de este precepto que servirá de criterio interpretativo para resolver las cuestiones que puedan suscitarse en la aplicación de las normas de procedimiento.

Este mismo criterio presidirá las tareas de normalización y racionalización a que se refieren los artículos siguientes. (Art. 30, LOPA 1981).

*Artículo* 32. Los documentos y expedientes administrativos serán objeto de normalización, para que cada serie o tipo de los mismos obedezca a iguales características y formato.

Se procurará la racionalización de los trabajos burocráticos con vista a implantar una progresiva mecanización y automatización en las oficinas públicas, siempre que el volumen del trabajo lo justifique.

La normalización y racionalización serán establecidas para cada dirección por el Ministro respectivo, y cuando se trate de normas comunes a varios Ministerios, por la Presidencia de la República.

Las oficinas técnicas procederán a la revisión periódica de los cuestionarios y otros impresos con objeto de simplificarlos. (Art. 32, LOPA 1981).

*Artículo* 33. En todo departamento ministerial, organismo autónomo y demás unidades administrativas, se informará al público acerca de los fines, competencia y funcionamiento de sus distintos órganos y servicios mediante oficinas de información, publicaciones ilustrativas sobre tramitación de expedientes, diagramas de procedimiento, organigramas, indicación sobre localización de dependencias y horarios de trabajo y cualquier otro medio adecuado. (Art. 33, LOPA 1981).

*Artículo* 34. En el despacho de todos los asuntos se respetará rigurosamente el orden de su presentación, a menos que el jefe de la oficina, por resolución motivada de la cual se dejará copia en el expediente, resolviere alterar dicho orden cuando así lo aconsejaren especiales circunstancias del servicio. La infracción de lo aquí dispuesto acarreará responsabilidad para el funcionario. (Art. 34, LOPA 1981).

*Artículo* 35. Los órganos administrativos utilizarán procedimientos sumarios de gestión para la solución de aquellos asuntos cuya frecuencia lo justifique. Cuando sean idénticos los motivos y fundamentos de las resoluciones, se podrán usar medios de producción en serie de aquellas, siempre que no se lesionen las garantías jurídicas de los interesados. (Art. 35, LOPA 1981).

*Artículo* 36. De cada asunto se formará expediente y se mantendrá la unidad de éste y de la resolución, aunque deban intervenir en el procedimiento órganos de distintos ministerios o institutos autónomos, en sus casos. (Art. 31, LOPA 1981).

# CAPITULO II

## DE LAS INHIBICIONES Y RECUSACIONES

*Artículo* 37. Las autoridades administrativas deberán inhibirse del conocimiento de asuntos cuya competencia les esté legalmente atribuida, en los siguientes supuestos:

1. Cuando personalmente o a través de terceros, tuvieren interés directo en el procedimiento o bien éste existiere por parte de su cónyuge o de sus familiares dentro del cuarto grado de consanguinidad o segundo de afinidad.
2. Cuando se encuentren con alguna de las partes en relación jurídica tal o en vinculación de hecho, suficientemente probada, que el resultado del procedimiento pueda influir en sus obligaciones, derechos o en sus simples intereses.
3. Que tal relación exista con el cónyuge o parientes dentro del cuarto grado de consanguinidad o segundo de afinidad.
4. Tener parentesco con alguno de los interesados hasta el cuarto grado de consanguinidad o el segundo de afinidad, ambos inclusive, o tener amistad íntima o enemistad manifiesta con las personas que intervinieren en el procedimiento.
5. Que haya intervenido como testigo o perito en el expediente de cuya resolución se trate o que como funcionario hubiere manifestado su juicio en el mismo, de modo que pudiera prejuzgar ya la resolución del asunto, o si se tratase de un recurso administrativo, hubiera resuelto o intervenido en la resolución del acto que se impugna. Sin perjuicio de la revocación del oficio en su caso, y de la resolución del recurso de reconsideración.
6. Si uno de los interesados fuera superior jerárquico o existiera relación de servicio con persona natural o jurídica interesada directamente en el asunto. (Art. 36, LOPA 1981).

*Artículo* 38. El funcionario que se encontrase en cualquiera de los casos previstos en el artículo anterior deberá inhibirse de conocer en el expediente de que se trate remitiéndolo al superior jerárquico, con resolución razonada en la que motive el fundamento de su inhibición. (Art. 37, LOPA 1981).

*Artículo* 39. La autoridad superior, en el plazo de ocho días hábiles deberá decidir si la inhibición es o no procedente y si no hubiere resolución expresa en este plazo, se entenderá negada la inhibición.

En caso de aceptar la inhibición, el superior señalará el funcionario que conocerá del asunto, el cual en ningún caso podrá ser de categoría inferior a la del que formuló la inhibición.

En caso de que la inhibición no fuera aceptada, la autoridad superior devolverá el expediente para que el funcionario siga conociendo del mismo. (Art. 38, LOPA 1981).

*Artículo* 40. La no inhibición por parte de las autoridades y funcionarios en los casos que proceda dará lugar a responsabilidad.

*Artículo* 41. La actuación de los funcionarios en los que concurran motivos de recusación no implicará necesariamente la invalidez de los actos en que hayan intervenido.

*Artículo* 42. Los órganos superiores podrán ordenar a los funcionarios incursos en las causales señaladas en el artículo 37 que se abstengan de toda intervención en el procedimiento. (Art. 39, LOPA 1981).

*Artículo* 43. Cualquier interesado puede recusar al funcionario a quien correspondiere decidir un asunto, si existieren las causales de inhibición señaladas en el artículo 28 de esta ley y el funcionario no se hubiere abstenido.

La recusación será hecha por escrito, dirigida a un Notario o Juez de la localidad, quien la hará llegar, en la forma más rápida al funcionario recusado y trasladará copia al funcionario que se hubiese señalado en el escrito como superior.

El funcionario recusado, al recibir el escrito, decidirá el mismo día o al siguiente día hábil, si se abstiene o si considera infundada la recusación, remitiendo, en todo caso, el expediente al superior jerárquico inmediato.

El superior jerárquico, al recibir el expediente decidirá en la misma forma y términos establecidos en el artículo 39. Si declarare improcedente la recusación impondrá multa de dos mil a diez mil bolívares a quien la formuló.

*Artículo* 44. No obstante la inhibición o la recusación del funcionario éste deberá llevar a cabo las actividades cuya realización no pueda demorarse por razones de servicio. Asimismo, prestará la cooperación que le sea requerida por el funcionario a quien se hubiere encomendado la resolución del asunto. (Art. 40, LOPA 1981).

## CAPITULO III

### DE LOS TÉRMINOS Y PLAZOS

*Artículo* 45. Los términos y plazos establecidos en ésta y en otras leyes, obligan por igual y sin necesidad de apremio tanto a las autoridades y funcionarios competentes para el despacho de los asuntos, como a los particulares interesados en los mismos. (Art. 41, LOPA 1981).

*Artículo* 46. Los términos y plazos se contarán siempre a partir del día siguiente a aquel en que tenga lugar la notificación o publicación del acto de que se trate. Cuando vengan establecidos por días y no haya disposición en contrario, se computarán exclusivamente los días hábiles.

Si el plazo o término se fijare por semanas, meses o años se computarán de fecha a fecha de acuerdo con lo que establece el apartado primero de este artículo. Si tratándose de meses o años no hubiera día equivalente al que correspondiera al cumplimiento del término o plazo se entenderá entonces que expira el primer día hábil siguiente, criterio que en todo caso se seguirá cuando la conclusión del plazo o del término coincidiere con un día feriado.

A los efectos de esta ley, se entiende por día hábil el laborable. (Art. 42, LOPA 1981).

*Artículo* 47. Se entenderán cumplidos los términos y plazos si los documentos de que se tratare, fueron remitidos por correo con anterioridad a la finalización de aquellos, siempre y cuando quede debida constancia de la fecha en que se hizo la remisión. (Art. 43, LOPA 1981).

## CAPITULO IV

### DE LA RECEPCIÓN DE DOCUMENTOS

*Artículo* 48. En todos los ministerios, organismos y dependencias a los que haya de aplicarse esta ley, habrá un registro de presentación de documentos en el que mediante el oportuno asiento se recogerán todos los escritos, peticiones y recursos que se presenten por los administrados, así como las comunicaciones que puedan dirigir otras autoridades.

La organización y el funcionamiento del registro se establecerán en el reglamento de esta ley. (Art. 44 LOPA 1981).

*Artículo* 49. Los funcionarios del registro que reciban la documentación velarán por el cumplimiento de las disposiciones de la Ley de Timbre Fiscal y advertirán a los interesados de las omisiones o irregularidades que observen. (Art. 45, LOPA 1981).

*Artículo* 50. Se dará recibo de todo documento presentado, con indicación del número de registro que corresponda.

Podrá servir de recibo la copia mecanografiada o fotostática de los documentos que se presenten, una vez diligenciada y numerada por los funcionarios del registro, previo cotejo con los originales. (Art. 46, LOPA 1981).

# TITULO III
# DEL PROCEDIMIENTO ADMINISTRATIVO

## CAPITULO I
### Del procedimiento ordinario

### Sección Primera: Disposición General

*Artículo* 51. El procedimiento que se establece en este Capítulo es de obligatoria observancia si el acto final pudiere causar lesión de los derechos subjetivos o de los intereses legítimos de un particular.

Sección Segunda: De la iniciación del procedimiento

*Artículo* 52. El procedimiento administrativo se iniciará de oficio o a instancia de parte interesada, mediante solicitud escrita.

En el primer caso, se iniciará por decisión propia de la autoridad administrativa competente o como consecuencia de la orden de una autoridad administrativa superior. (Art. 48, LOPA 1981).

*Artículo* 53. Cuando el procedimiento se inicie por solicitud de persona interesada, en el escrito que se presente deberá hacer constar:

1. El organismo al cual está dirigido.
2. La identificación del interesado con expresión de sus nombres y apellidos, domicilio, profesión, estado civil y cédula de identidad, así como, en su caso, de la persona que actúe como representante, con expresa indicación de la dirección en la que han de llevarse a cabo las notificaciones pertinentes.
3. Los hechos, razones y pedido que contenga, expresando con toda claridad las pretensiones a que se aspira.
4. El lugar en que el escrito ha sido redactado, fecha de su presentación y firma de los interesados.
5. Referencia a los anexos que lo acompañan, si tal es el caso.
6. Cualesquiera otras circunstancias que exijan las normas legales y reglamentarias expresas. (Art. 49, LOPA 1981).

*Artículo* 54. Cuando en el escrito o solicitud dirigida a la administración pública faltare cualquiera de los requisitos exigidos en el artículo anterior, la autoridad que hubiere de iniciar las actuaciones procederá a devolverlo al presentante con indicación de las omisiones o faltas observadas, a fin de que en el plazo de diez días se proceda a su oportuna rectificación; si tal no se hiciere se presumirá que el interesado desiste del procedimiento respectivo. (Art. 50, LOPA 1981).

*Artículo* 55. Los funcionarios administrativos procurarán evitar que se dicten decisiones contradictorias en un mismo asunto, o sobre asuntos conexos. Por ello cuando el asunto sometido a la consideración de una oficina de la administración, tuviere relación íntima o conexión importante con cualquier otro asunto que se tramitare en la misma oficina, podrá el jefe de la dependencia ordenar la acumulación de ambos procedimientos.

Los particulares podrán solicitar también que tal acumulación sea acordada. La acumulación en ningún caso alterará o perjudicará la tramitación de cualquiera de los dos procedimientos en todo aquello que no afecte los derechos o intereses de los solicitantes. (Art. 52, LOPA 1981).

## SECCIÓN TERCERA:

### DE LA SUSTANCIACIÓN DEL EXPEDIENTE

*Artículo* 56. Iniciado el procedimiento, se procederá a abrir el oportuno expediente en el que se recogerá toda la tramitación que al respecto se lleve a cabo.

De las comunicaciones entre las distintas autoridades así como de las publicaciones y notificaciones que se realicen tanto de los actos que lo requieran como de las resoluciones que se adopten, se conservarán siempre las copias correspondientes. (Art. 51, LOPA 1981).

*Artículo* 57. El procedimiento se impulsará de oficio en todos sus trámites.

La administración, de oficio o a instancia del interesado, llevará a cabo todos los actos necesarios para lograr la determinación precisa de las circunstancias en atención a las cuales deberá decidir. (Art. 53, LOPA 1981).

*Artículo* 58. Los interesados tienen derecho a conocer el estado en que se encuentra la tramitación del expediente y a dirigir a la administración las comunicaciones que consideren pertinentes en defensa de sus derechos e intereses. (Art. 59, LOPA 1981).

*Artículo* 59. La autoridad administrativa a la que corresponda la tramitación del expediente podrá solicitar de otras autoridades u organismos los informes que estime conveniente a efectos de la mejor resolución del asunto. (Art. 54, LOPA 1981).

*Artículo* 60. Los informes deberán ser evacuados en el plazo máximo de diez días, si se solicitaren de funcionarios del mismo organismo; o de quince, en los otros casos.

Si el funcionario requerido considerare necesario un plazo mayor, lo manifestará al requirente, con indicación del plazo que estime necesario, el cual no podrá exceder en ningún caso del doble del ya indicado.

Los informes serán breves, limitados a la información solicitada, sin incorporar a su texto los datos y actuaciones que aparezcan en el expediente. (Art. 55, LOPA 1981).

*Artículo* 61. La omisión de los informes señalados en los artículos anteriores no suspenderá la tramitación, salvo que aquellos tuvieren carácter preceptivo, sin perjuicio de la responsabilidad en que incurra el funcionario por la omisión o demora. (Art. 56, LOPA 1981).

*Artículo* 62. Los informes que se emitan, salvo disposición legal en contrario, no serán vinculantes para la autoridad que hubiere de resolver el expediente. (Art. 57, LOPA 1981).

*Artículo* 63. El informe de la Consultoría Jurídica respectiva, es de carácter obligatorio en todos los procedimientos y recursos administrativos, salvo que la resolución del asunto consista en la simple verificación de datos. Este informe precederá inmediatamente a la resolución definitiva.

*Artículo* 64. Los hechos que se consideraren relevantes para la decisión de un procedimiento podrán ser objeto de todos los medios de prueba establecidos en el Código Civil.

El funcionario sustanciador del expediente acordará de oficio o a solicitud del interesado, un lapso probatorio, si ello no fuere manifiestamente innecesario.

El lapso probatorio no podrá exceder de veinte días, salvo que se trate de asuntos de especial complejidad, en cuyo caso el lapso podrá prorrogarse por veinte días más. (Art. 58, LOPA 1981).

*Artículo* 65. Los interesados y sus representantes tendrán derecho, en cualquier fase del procedimiento, a examinar, leer y copiar cualquier pieza del expediente, así como a pedir certificación de la misma, salvo en los siguientes casos:

1) De los documentos calificados como confidenciales por el superior jerárquico del organismo.
2) De los documentos cuyo conocimiento confiera al interesado alguna ventaja ilegítima en perjuicio de tercero.
3) De los proyectos de resolución, y de los informes de órganos consultivos o técnicos.

En los casos en que se refiere este artículo, se desglosarán del expediente los documentos respecto de los cuales se niegue el acceso. La decisión denegatoria deberá ser motivada. (Art. 59, LOPA 1981).

## SECCIÓN CUARTA:

## DE LA TERMINACIÓN DEL PROCEDIMIENTO

*Artículo* 66. La tramitación y resolución de los expedientes no podrá exceder de seis meses, salvo que medien causas excepcionales, de cuya existencia se dejará constancia, con indicación de la prórroga que se acordare. (Art. 60, LOPA 1981).

*Artículo* 67. El término indicado en el artículo anterior correrá a partir del recibo de la solicitud o instancia del interesado o de la notificación de éste, cuando el procedimiento se hubiere iniciado de oficio. (Art. 61, LOPA 1981).

*Artículo* 68. La resolución del procedimiento decidirá todas las cuestiones que hubieren sido planteadas, tanto inicialmente como durante la tramitación. (Art. 62, LOPA 1981).

*Artículo* 69. La resolución deberá contener la determinación del órgano que la adopta, con indicación expresa, en su caso, de actuar por delegación; la expresión sucinta de los hechos; las razones que hubieren sido alegadas; los fundamentos legales oportunos y la decisión respectiva.

La resolución expresará, además, su fecha y el lugar en donde hubiere sido dictada y el original contendrá la firma autógrafa del funcionario o funcionarios que la hubieren adoptado y el sello de la oficina. En aquellas resoluciones cuya frecuencia lo justifique la firma del funcionario podrá ser estampada por medios mecánicos.

*Artículo* 70. Si en el término de seis meses indicado en el artículo 66 o en la prórroga que se haya acordado antes de finalizar aquel, la administración no resolviere sobre las solicitudes formuladas por particulares, las mismas se entenderán negadas y el interesado podrá ejercer los recursos pertinentes.

*Artículo* 71. Lo dispuesto en el artículo anterior no releva a las autoridades administrativas de su obligación de decidir en forma expresa, sin perjuicio de la responsabilidad del funcionario a quien sea imputable la omisión o la demora.

*Artículo* 72. Sin perjuicio de lo establecido en los artículos anteriores, se entenderá terminado el procedimiento por el desistimiento o la renuncia del interesado a la solicitud, petición o instancia que le hubiere dado inicio. El desistimiento o la renuncia deberá formularse por escrito.

En caso de pluralidad de interesados, el desistimiento de uno de ellos no afectará a los restantes, conforme se dispone en el artículo siguiente. (Art. 63, LOPA 1981).

*Artículo* 73. Recibida la declaración de desistimiento o renuncia, el funcionario competente la notificará a los demás interesados, si los hubiere. Si éstos no solicitaren la continuación del procedimiento, dentro de los diez días siguientes a dicha notificación, se lo declarará concluido.

*Artículo* 74. No obstante el desistimiento o la renuncia, la administración podrá continuar la tramitación del procedimiento, si razones de interés general lo justificaren. En este caso, los efectos del desistimiento o de la renuncia se limitarán a sus consecuencias patrimoniales. (Art. 66, LOPA 1981).

*Artículo* 75. El procedimiento iniciado a instancia de un particular perime si la tramitación se paraliza durante tres meses por causa imputable al interesado.

El término comenzará a contarse a partir de la fecha en que la autoridad administrativa aperciba al interesado.

La perención no operará cuando el interesado haya dejado de gestionar el asunto en virtud de haber transcurrido el término señalado en el artículo 70. (Art. 64, LOPA 1981).

*Artículo* 76. La declaratoria de perención no extingue los derechos y acciones del interesado, pero el procedimiento perimido no interrumpirá el término de prescripción de aquellos. (Art. 65, LOPA 1981).

## CAPITULO II

### Del procedimiento sumario

*Artículo* 77. En los supuestos distintos del previsto en el artículo 51 la administración podrá seguir un procedimiento sumario para sus decisiones. El procedimiento sumario deberá concluirse en el término de treinta días. (Art. 67, LOPA 1981).

*Artículo* 78. Iniciado el procedimiento sumario, el funcionario sustanciador, con autorización del superior jerárquico y previa audiencia de los interesados, podrá determinar que se siga el procedimiento ordinario, si la complejidad del asunto lo aconsejare. (Art. 68, LOPA 1981).

*Artículo* 79. En el procedimiento sumario no habrá debates, defensas ni pruebas ofrecidas por las partes, pero la administración deberá comprobar de oficio la verdad de los hechos y demás elementos de juicio relevantes.

Las pruebas se tramitarán sin señalamiento, comparecencia ni audiencia de los interesados, salvo aquellos a quienes se convocare especialmente, a juicio de la autoridad administrativa. (Art. 69, LOPA 1981).

*Artículo* 80. En el procedimiento sumario el órgano instructor ordenará y tramitará las pruebas en la forma que crea más oportuna, determinará el orden, términos y plazos de los actos a realizar, así como la naturaleza de éstos.

*Artículo* 81. Instruido el expediente y previamente a su resolución, se notificará a los interesados, para que tomen conocimiento del asunto y formulen, dentro de los cinco días siguientes a la notificación, los alegatos y observaciones que creyeren pertinentes.

## CAPITULO III

### DE LA PUBLICACIÓN Y NOTIFICACIÓN DE LOS ACTOS ADMINISTRATIVOS

*Artículo* 82. Los actos administrativos deberán publicarse o ser notificados a los interesados, conforme se establece en el Título I de esta Ley.

La notificación y la publicación de los actos administrativos, en sus casos, es requisito necesario para su eficacia. Sin embargo, el conocimiento del interesado suple la falta de notificación.

*Artículo* 83. Los actos administrativos que puedan ser de interés general o que afecten a un grupo indeterminado de personas, deberán ser publicados en la Gaceta Oficial de la República de Venezuela. (Art. 72, LOPA 1981).

*Artículo* 84. Se notificará a los interesados toda resolución que afecte sus derechos o intereses.

La notificación deberá contener el texto íntegro de la resolución e indicar si el acto es definitivo; los recursos que contra el mismo procedan, con expresión de los términos para ejercerlos, y los órganos o tribunales ante los cuales deba interponerse. (Art. 73, LOPA 1981).

*Artículo* 85. Las notificaciones que no llenen todas las menciones señaladas en el artículo anterior se considerarán defectuosas y sólo producirán efectos una vez transcurridos quince días, a partir de la fecha de recibo por el interesado. (Art. 74, LOPA 1981).

*Artículo* 86. En el caso que el recurso o el término para interponerlo, indicados en la notificación, fueren erróneos, los interesados podrán formular el recurso pertinente.

El plazo para la interposición de este último se contará a partir de la resolución o sentencia del recurso erróneamente propuesto, si ésta declarase la incompetencia del órgano o la extemporaneidad del recurso.

*Artículo* 87. La notificación se hará en el lugar que al efecto hubiere señalado el interesado o en su residencia, mediante oficio, carta o telegrama, dejando constancia de la fecha *en* que se lleva a cabo y del contenido de la resolución que se notifica. (Art. 75, LOPA 1981).

*Artículo* 88. La notificación podrá hacerse a cualquiera de las personas que se encuentren en la dirección señalada por el interesado.

Si se tratare de interesados desconocidos o indeterminados o fuere imposible llevar a cabo la notificación en la forma señalada en el artículo anterior, se procederá a la publicación del acto.

En el caso de publicación se entenderá notificado el destinatario, vencidos que sean quince días a contar de aquella, de lo cual se hará expresa indicación.

## CAPITULO IV

### DE LA EJECUTORIEDAD DE LOS ACTOS ADMINISTRATIVOS

*Artículo* 89. Ningún órgano de la administración podrá realizar actos materiales que menoscaben o perturben el ejercicio de derechos de los particulares, sin que previamente haya sido adoptada la resolución que sirva de fundamento a aquellos. (Art. 78, LOPA 1981).

*Artículo* 90. Los actos administrativos, una vez que fueran publicados o debidamente notificados serán inmediatamente ejecutivos, por lo que conforme se establece en el artículo 98 de esta ley, la interposición de cualquier tipo de recurso no suspenderá la ejecución del acto. (Art. 87, LOPA 1981).

*Artículo* 91. La ejecución forzosa de los actos administrativos, previo el correspondiente apercibimiento a los obligados, será realizada de oficio por la propia administración, salvo el caso de que por expresa disposición legal, deba ser encomendada a la autoridad judicial.

La obligación de entregar cuerpos ciertos o cantidades de dinero u otros bienes fungibles será ejecutable por intermedio de la autoridad judicial competente, salvo las excepciones legales establecidas. (Art. 79, LOPA 1981).

*Artículo* 92. La ejecución forzosa por la administración se llevará a cabo conforme a los siguientes procedimientos:

1. Cuando se trate de actos que no sean personalísimos al obligado, se procederá a la ejecución subsidiaria, por cuenta de aquel, bien por la administración o por la persona que ésta designe.
2. Cuando se trate del cumplimiento de obligaciones no susceptibles de ejecución subsidiaria, mediante la aplicación de multas coercitivas al obligado, que podrán ser reiteradas por lapsos de tiempo

que sean suficientes para cumplir lo ordenado, conforme se determine en la ley. (Art. 80, LOPA 1981).

# TITULO IV
# DE LA REVISIÓN DE LOS ACTOS EN VÍA ADMINISTRATIVA

## CAPITULO I

### DE LA REVISIÓN DE OFICIO

*Artículo* 93. La administración podrá, en cualquier momento, de oficio o a solicitud del interesado, declarar la nulidad de los actos a que se refiere el artículo 15 de esta Ley. (Art. 83, LOPA 1981).

*Artículo* 94. Salvo lo dispuesto en el artículo anterior, la administración no podrá anular de oficio sus propios actos cuando fuesen declarativos o constitutivos de derechos a favor de particulares y hubieren quedado definitivamente firmes. (Art. 82, LOPA 1981).

*Artículo* 95. La administración podrá, en cualquier momento, corregir errores materiales, de hecho o de cálculo en que hubiere incurrido en los actos administrativos. (Art. 84, LOPA 1981).

## CAPITULO II

### DE LOS RECURSOS ADMINISTRATIVOS

#### SECCIÓN PRIMERA:
#### DISPOSICIONES GENERALES

*Artículo* 96. Los interesados podrán interponer los recursos jerárquicos y de reconsideración contra todo acto administrativo que ponga fin a un procedimiento, imposibilite su continuación, cause indefensión o prejuzgue el definitivo.

Además y en los casos previstos en el artículo 111 de esta Ley, los interesados podrán interponer el recurso de revisión. (Art. 85, LOPA 1981).

*Artículo* 97. Todo recurso administrativo deberá intentarse por escrito en el que se expresará el nombre y el domicilio del recurrente y el de su representante, si fuere el caso; el acto que se recurre; las razones en que se funda; la autoridad ante la cual se interpone y el organismo ante el cual se recurre, si tal es el caso. El lugar que señale el recurrente como domicilio será aquel donde habrá de ser notificado de cualquier acto.

El error en la calificación del recurso por parte del recurrente no será obstáculo para su tramitación, siempre que del escrito se deduzca su verdadero carácter. (Art. 86, LOPA 1981).

*Artículo* 98. La interposición de cualquier recurso, no suspenderá la ejecución del acto impugnado, salvo previsión legal en contrario.

El órgano ante el cual se recurra podrá, de oficio o a petición de parte, acordar la suspensión de los efectos del acto recurrido en el caso de que su ejecución pudiera causar grave perjuicio al interesado, o si la impugnación se fundamenta en alguna de las causas de nulidad de pleno derecho a que se refiere el Título I de esta Ley. En estos casos, el órgano respectivo podrá exigir a tal efecto, si lo estima conveniente, la constitución de la caución que se considere suficiente. (Art. 87, LOPA 1981).

*Artículo* 99. No se podrán resolver por delegación recursos jerárquicos o de revisión contra actos dictados en ejercicio de las funciones propias del órgano al cual se han conferido las facultades delegadas. (Art. 88, LOPA 1981).

*Artículo* 100. La autoridad que resuelva el recurso decidirá cuantas cuestiones plantee el expediente que, tanto de hecho como de derecho, hayan sido alegadas o no por los interesados. En este último caso se les oirá previamente. (Art. 89, LOPA 1981).

## Sección Segunda:
## Del recurso jerárquico

*Artículo* 101. El recurso jerárquico será procedente contra todo acto administrativo que no ponga fin a la vía administrativa, en la forma siguiente:

1. Contra los actos administrativos dictados por órganos subalternos de los Ministerios, ante el Director respectivo.
2. Contra los actos administrativos dictados por los Directores de los Ministerios, ante el respectivo Director General.
3. Contra los actos administrativos dictados por los Directores Generales, ante el respectivo Ministro.
4. Contra los actos administrativos dictados por órganos subalternos de los institutos autónomos, ante el respectivo órgano superior. (Art. 95, LOPA 1981).

*Artículo* 102. Se considera que agotan la vía administrativa los actos administrativos dictados en resolución de recursos jerárquicos. (Art. 92, LOPA 1981).

*Artículo* 103. El recurso jerárquico deberá intentarse dentro de los quince días siguientes a la notificación del acto que se impugna. (Art. 95, LOPA 1981).

*Artículo* 104. El recurso jerárquico se podrá interponer tanto ante el órgano que dictó el acto que se impugna como ante el superior jerárquico que debe decidirlo.

*Artículo* 105. La resolución del recurso jerárquico confirmará, modificará o revocará el acto impugnado. La resolución del recurso podrá ordenar asimismo la reposición del procedimiento en caso de vicios de forma en la tramitación, sin perjuicio de lo dispuesto en esta Ley sobre la convalidación de actos irregulares. (Art. 90, LOPA 1981).

*Artículo* 106. Transcurridos tres meses desde la interposición del recurso jerárquico sin que se notifique su resolución al interesado, se entenderá denegado y se considerará agotada la vía administrativa. (Art. 93, LOPA 1981).

## SECCIÓN TERCERA:
## DEL RECURSO DE RECONSIDERACIÓN

*Artículo* 107. El recurso de reconsideración puede proponerse contra todo acto administrativo que ponga fin a la vía administrativa y contra el cual no proceda intentar el recurso jerárquico.

El recurso de reconsideración, sin embargo, no podrá interponerse contra aquellos actos que aún agotando la vía administrativa sean resolución de un recurso jerárquico. (Art. 94, LOPA 1981).

*Artículo* 108. El recurso de reconsideración se resolverá por el mismo órgano que dictó el acto recurrido y deberá intentarse dentro de los quince días siguientes a la notificación de éste.

Contra el acto que resuelve un recurso de reconsideración, no. puede interponerse de nuevo dicho recurso.

*Artículo* 109. La resolución del recurso de reconsideración confirmará, modificará o revocará el acto impugnado. Se podrá ordenar además la reposición del procedimiento, en caso de vicios de forma en la tramitación, sin perjuicio de la convalidación, conforme a esta Ley.

*Artículo* 110. Transcurrido un mes desde la interposición del recurso de reconsideración sin que se notifique su resolución al interesado, se entenderá denegado y quedará expedita la vía contencioso-administrativa. Si recayere resolución expresa, el plazo para ocurrir a dicha vía se contará desde la notificación de aquella.

### Sección Cuarta:
### Del recurso de revisión

*Artículo* 111. Podrá intentarse recurso de revisión ante el Ministro respectivo contra aquellos actos administrativos firmes en los siguientes casos:

1. Cuando hubieren aparecido documentos de valor esencial para la resolución del asunto, desconocidos para la época de la tramitación del expediente.
2. Cuando en la resolución hubieren influido en forma decisiva documentos o testimonios declarados falsos por sentencia judicial definitivamente firme.
3. Cuando la resolución hubiere sido adoptada por cohecho, violencia, soborno u otra manifestación fraudulenta y ello hubiese quedado establecido en sentencia judicial definitivamente firme. (Art. 97, LOPA 1981).

*Artículo* 112. El recurso de revisión no procederá sino dentro de los tres meses siguientes a la fecha de la sentencia a que se refieren los números 2 y 3 del artículo anterior o de haberse tenido noticia de la existencia de los documentos a que se hace referencia en el número 1 del mismo artículo. (Art. 98, LOPA 1981).

## TITULO V
## DISPOSICIONES TRANSITORIAS Y FINALES

*Artículo* 113. El Ejecutivo Nacional, dentro del término de un año a partir de la promulgación de esta Ley, adaptará los procedimientos creados reglamentariamente a los principios aquí desarrollados, unificando los que no tuvieren carácter especial por su naturaleza.

*Artículo* 114. Hasta tanto se proceda a su reforma o bien durante el término previsto en el artículo anterior, en sus casos, continuarán aplicándose los procedimientos establecidos reglamentariamente.

*Artículo* 115. Sin perjuicio de su reforma, no se aplicará el término previsto en el artículo 113 a los siguientes procedimientos especiales:

1. Los procedimientos en materia de expropiación forzosa.
2. Los relativos a contratos administrativos.

3. Los relativos a la inspección, vigilancia y fiscalización de bancos y otros institutos de crédito; de empresas de seguros y reaseguros, de entidades de ahorro y préstamo y de cooperativas.
4. El procedimiento sobre naturalización.
5. Los procedimientos de recaudación, inspección y fiscalización de ingresos y gastos públicos.
6. Los procedimientos para reprimir y sancionar los delitos y contravenciones fiscales.
7. Los procedimientos sobre extranjería.
8. Los procedimientos de imposición de sanciones por infracción de leyes sociales.
9. Los procedimientos relativos a la propiedad industrial y al derecho de autor.
10. Los procedimientos relativos a la reforma agraria.
11. Cualesquiera otros que sean declarados especiales por el Ejecutivo Nacional.

*Artículo* 116. Se derogan todas las disposiciones que colidan con la presente Ley.

# SEGUNDA PARTE

# PROYECTO DE LEY DE LA JURISDICCIÓN CONTENCIOSO ADMINISTRATIVA
# 1965-1971

## SECCIÓN PRIMERA:

## PRESENTACIÓN DEL PROYECTO DE LEY SOBRE LA JURISDICCIÓN CONTENCIOSO ADMINISTRATIVA 1965-1971

**Este texto es el que se publicó, junto con el Proyecto, en el *Informe sobre la reforma de la Administración Pública Nacional,* Comisión de Administración Pública, Caracas 1972, Tomo 2.**

### I. INTRODUCCIÓN

[En el *Informe sobre la Reforma de la Administración Pública Nacional* editado en 1972 por la Comisión de Administración Pública bajo la dirección de quien edita este libro (Allan R. Brewer-Carías), se publicó el *Proyecto de Ley Orgánica de la Jurisdicción Contencioso Administrativa,* cuyo texto fue el que elaboramos junto con los profesores Sebastián Martín-Retortillo B. y Francisco Rubio Llorente para la Consultoría Jurídica del Ministerio de Justicia; y cuyo texto fue revisado en la Comisión de Administración Pública (entonces presidida por quien edita esta obra: Allan R. Brewer-Carías) en 1971. El texto inicial de 1965, incluso, luego de revisado en la referida Consultoría Jurídica y en la Procuraduría General de la República, fue presentado a la consideración del Congreso por el Ministro de Justicia en 1965. Debo mencionar que cuando elaboramos el proyecto original, no dejamos de revisar el proyecto sobre la materia que había sido elaborado por el Dr. Tomás Polanco Alcántara, quien a su vez se basó en un proyecto elaborado en 1941 por los Dres. Pedro Guzmán y René Lepervanche Parpacén].

El régimen jurídico de la jurisdicción contencioso-administrativa establecido en dicho Proyecto de Ley abarca por una parte, la organización de los Tribunales contencioso-administrativos y, por la otra, el procedimiento contencioso-administrativo y sus requisitos procesales, los cuales apenas han sido previstos en la Ley Orgánica de la Corte Federal de 1953, complementados con las normas del Código de Procedimiento Civil y elaborados por la jurisprudencia de la Corte Suprema de Justicia [Como lo expusimos en el libro: Véase Allan-R. Brewer-Carías, *Las Instituciones Fundamentales del Derecho Administrativo y la Jurisprudencia Venezolana,* Caracas, 1964].

Una vez redactado el Proyecto de Ley Orgánica de la Administración Pública Nacional en el mismo seno de la Comisión de Administración Pública, quisimos desarrollar a través de la normativa que ahora se comenta, el principio que establece el control jurisdiccional sobre la legalidad y legitimidad de la actividad que ejecuta la Administración Pública (artículo 206 de la Constitución de 1961) como lógica consecuencia del sometimiento de la actividad estatal al principio de legalidad. De él surge precisamente la necesidad de la existencia de un régimen de contralor jurisdiccional de la Administración, que determine las reglas que rijan las reclamaciones en los casos en que el ejercicio de la actividad administrativa viole la Ley o afecte un derecho o un interés legítimo de los administrados.

El Proyecto de Ley Orgánica de la Jurisdicción contencioso- administrativa se aparta de la regulación de la antigua Ley Orgánica de la Corte Federal actualmente vigente, regulando con mayor amplitud y precisión la jurisdicción contencioso-administrativa, por lo que ha sido estructurado en cuatro Títulos denominados: Título I: Disposiciones Fundamentales; Título II: De los Órganos de la Jurisdicción Contencioso-Administrativa; Título III: Del Procedimiento Contencioso-Administrativo; y Título IV: Disposiciones Transitorias y Finales; cuyo comentario se hará más adelante. Del análisis de su contenido podrá observarse que el Proyecto, de ser aprobado, constituirá uno de los más eficaces instrumentos de garantía para los administrados y de la adecuación al derecho de la actividad de la Administración Pública.

Ahora bien, debe aclararse desde el inicio que en Venezuela no está consagrada la distinción francesa entre la "jurisdicción administrativa" y la "jurisdicción judicial", al contrario, nuestra jurisdicción contencioso-administrativa está articulada orgánicamente dentro del Poder Judicial, teniendo en cuenta que la razón última de la procedencia de la acción contencioso-administrativa es siempre, y en todo caso, la misma; esto es, la no conformidad con el derecho de lo actuado por la Administración y consecuentemente la posibilidad de declarar su nulidad, todo ello sin perjuicio de que los Tribunales que lleven a cabo tal confrontación, en su caso, puedan determinar de modo expreso lo necesario en orden al restablecimiento de las situaciones jurídicas individualizadas que hayan podido resultar lesionadas. Sobre la unidad sustancial con que en todo caso se presenta en el Proyecto el recurso contencioso-administrativo, debe aclararse que las diferencias que puedan indicarse en razón de los dos tipos de recursos tradicionalmente admitidos —recurso de anulación y recurso de plena jurisdicción— no son, en modo alguno, bastantes para justificar la regulación de dos tipos de recursos independientes y diferenciados.

Por otra parte, vigente, como se ha dicho, el principio de la unidad de jurisdicción en el ordenamiento jurídico venezolano, al elaborarse el Proyecto se ha tenido clara conciencia de que la jurisdicción contencioso-administrativa no es más que una especie de la genérica función jurisdiccional que ejerce el Estado, en cuya virtud la naturaleza de los procesos que ella conoce no difiere, esencialmente, de los demás procesos de conocimiento. Por ello en el Proyecto se han recogido las especialidades que una y otros ofrecen, remitiendo en lo demás a las leyes orgánicas y procesales comunes (Ley Orgánica del Poder Judicial, Código de Procedimiento Civil, etc.), cuyas normas se aplicarán con carácter supletorio y atendiendo a las particulares características y principios que gobiernan la jurisdicción contencioso-administrativa (artículo 61º).

## II. LAS DISPOSICIONES FUNDAMENTALES DEL PROYECTO

El Título 1 relativo a las Disposiciones Fundamentales, se divide en tres Capítulos, a saber: I: Disposiciones generales, II: De las Partes; y III: Del objeto del recurso contencioso-administrativo.

Las primeras disposiciones de este Título van dirigidas a señalar la especialidad de la jurisdicción contencioso-administrativa pues si bien, como se ha afirmado, la función jurisdiccional es una, ello no impide que a determinados órganos jurisdiccionales se les atribuya el conocimiento de materias especiales y se les estipule un particular procedimiento. De allí que se considere como de la competencia de la jurisdicción contencioso-administrativa el conocimiento de las pretensiones que se deduzcan contra la Administración Pública, fundadas en preceptos de Derecho Administrativo; en otras palabras, las pretensiones que se deducen con ocasión de las relaciones jurídico-administrativas surgidas entre la Administración Pública y otro sujeto; entendiéndose por Administración Pública a los efectos del texto legal: la Administración Pública Nacional, Estadal o Municipal, los Institutos Autónomos y demás establecimientos públicos y las corporaciones o entidades de derecho público que desempeñen funciones públicas o que tengan a su cargo la representación o defensa de intereses de carácter general, profesional o corporativo (artículo 3º). La legitimación de estas últimas en el proceso proviene, precisamente, de que actúan en defensa de los intereses por los que deben velar según sus normas reguladoras.

En el artículo 2º de este Capítulo se ha desarrollado la disposición del artículo 206 de la Constitución que expresa:

> "La jurisdicción contencioso-administrativa corresponde a la Corte Suprema de Justicia y a los demás Tribunales que determine la ley. Los órganos de la jurisdicción contencioso-administrativa son competentes para anular los actos administrativos generales o individuales contrarios a derecho, incluso por desviación de poder; condenar al pago de sumas de dinero y a la reparación de daños y perjuicios originados en responsabilidad de la administración, y disponer lo necesario para el restablecimiento de las situaciones jurídicas subjetivas lesionadas por la actividad administrativa".

Como se observa, se ha hecho una modificación al hablar de "disposiciones reglamentarias", en sustitución de "actos administrativos generales", habida cuenta de la discusión planteada sobre la naturaleza de los reglamentos, en la doctrina administrativa. Al ser los reglamentos normas jurídicas subordinadas a la Ley, el principio de legalidad juega respecto a ellos de igual manera a como lo hace respecto de los actos administrativos, pero por su carácter material (son normas de rango sub-legal), su impugnación puede hacerse, además, cuando se trate de reglamentos ejecutivos por vía de inconstitucionalidad tal y como se ha consagrado en el Proyecto de Ley de la Jurisdicción Constitucional, del que se habla en el Capítulo VI de esta Cuarta Parte del Informe. Debe anotarse, por otra parte, que ante un reglamento, o ante una disposición de carácter general, es decir, las disposiciones dictadas por la Administración Pública en ejercicio de la potestad normativa o reglamentaria, siempre es admisible la impugnación directa ante la jurisdicción contencioso-administrativa y así se consagra en la normativa del Proyecto.

Se ha dicho ya, que la jurisdicción contencioso-administrativa, conoce de las pretensiones que se deduzcan contra la Administración, sometidas al Derecho Administrativo y se hace tal precisión, porque si bien la personalidad jurídica del Estado (administración) es una, él se desenvuelve a través de relaciones de derecho público y de derecho privado. Por ello se han excluido del conocimiento de esta jurisdicción especial las pretensiones que se deduzcan contra la Administración, cuando actúa como cualquier otro sujeto de derecho, verbigracia: pretensiones procesales civiles, laborales o mercantiles o aquellas otras que aún estando fundadas en normas de derecho administrativo, la ley exceptúa.

Se incorpora en este primer Capítulo además, la disposición relacionada con el recurso contencioso-administrativo de interpretación, cuya interposición sólo será posible en los casos en que la Ley lo prevea expresamente. En el sistema francés, donde tiene origen el recurso contencioso-administrativo de interpretación, se le consagra no sólo para decidir cuestiones prejudiciales sino también para la interpretación de actos y contratos administrativos.

En Venezuela en cambio, dicho recurso ha sido reducido a los casos de las cuestiones prejudiciales. En efecto, se estima, el recurso de interpretación debe proceder cuando la autoridad judicial ordinaria está obligada a suspender el proceso porque una cuestión de la competencia de la jurisdicción contencioso-administrativa, que es decisiva para su solución definitiva, aparece en el curso de este. De este modo, el juez contencioso-administrativo decide sobre la interpretación de un contrato o acto oscuro o sobre la apreciación de su legalidad, cuando se le pide resolver si el acto que alguna de las partes tacha de ilegal, lo es o no. En consecuencia, el juez ordinario basará su decisión en la interpretación que el juez contencioso-administrativo haya hecho. Sin embargo, como se ha dicho antes, la doctrina francesa ha aceptado la interposición de dicho recurso en forma directa ante la jurisdicción contencioso-administrativa.

En todo caso, cabe indicar que el Proyecto no consagra el recurso de interpretación en términos generales, sino que hace remisión a lo que se establezca por Ley especial. Como antecedente legal en Venezuela, debe citarse el recurso de interpretación que consagra la Ley de Carrera Administrativa de 1970, en su artículo 64.

Por otra parte, se establece igualmente, que la jurisdicción contencioso-administrativa, conocerá de asuntos de naturaleza civil, mercantil o laboral, cuando los mismos se planteen como cuestiones prejudiciales o incidentales a la decisión de un recurso contencioso-administrativo. Recuérdese que la cuestión prejudicial es aquella cuyo conocimiento corresponde a otra jurisdicción, pero que está tan íntimamente ligada a la que se ventila en el proceso que su decisión puede influir en la resolución final de éste. De este modo, los proyectistas en vez de adoptar el criterio de suspender la tramitación del procedimiento en que dicha cuestión se plantea, optaron por atribuir competencia al juez contencioso-administrativo, para decidir sobre ella, a los solos fines de resolver la pretensión que éste conoce y reduciendo sus efectos a ese particular proceso. En tal virtud, las declaraciones que los tribunales contencioso-administrativos hagan sobre dichas cuestiones, podrán ser revisadas, a su vez, por la jurisdicción ordinaria.

El artículo 5° del Proyecto se contrae a determinar la "improrrogabilidad" de la competencia de los tribunales contencioso- administrativos. La competencia por tanto, además de ser un requisito procesal (uno de los elementos que deben concurrir para que el órgano jurisdiccional pueda examinar la pretensión en cuanto al fondo), podrá ser apreciada de oficio por el órgano jurisdiccional, en cuyo caso, la resolución que sobre ello se adopte deberá ser fundada con indicación del órgano que se estima competente para conocer de la materia.

El Capítulo II se refiere a las partes; en otras palabras, a las personas públicas o jurídicas que se constituyen en sujetos de un proceso, para pretender en él la tutela de sus derechos e intereses legítimos. En tal virtud, los artículos de este Capítulo se contraen a determinar quiénes están legitimados para solicitar la anulación de los actos y disposiciones contrarias a derecho; esto es, las personas que tuvieren en ello un interés legítimo, personal y directo y las que hubieren sido afectadas en sus derechos subjetivos, aun cuando en este último caso, el recurrente podrá solicitar el reconocimiento de su situación jurídica individual y el restablecimiento de la misma cuando hubiere sido lesionada por el acto o disposición recurridos. Como se observa, el acceso a la jurisdicción contencioso-administrativa, viene dado por un criterio de legitimación, esto es, la titularidad de un derecho subjetivo lesionado o de un interés personal, legítimo y directo.

En virtud del sistema consagrado en el Proyecto, se conjuga en una sola norma la legitimación necesaria para recurrir contra un acto administrativo contrario a derecho y la requerida para reclamar derechos subjetivos lesionados, de acuerdo con las dos clases de pretensiones que pueden aducirse: las de anulación y las de plena jurisdicción.

Respecto de la existencia del interés personal, directo y legítimo para demandar la anulación de un acto ilegal, puede decirse que ella se ha establecido a fin de evitar que cualquiera pueda acudir a la jurisdicción contencioso-administrativa, con una pretensión por la que no tiene interés alguno o tiene un simple interés, lo que complicaría además la buena marcha de la Administración entrabándola con el ejercicio de recursos sin fundamento alguno. Así pues, habrá interés legítimo (protegido por el ordenamiento jurídico), personal y directo para solicitar la anulación de un acto administrativo, cuando de prosperar la acción entablada se derive un beneficio a favor del recurrente.

Por lo que toca al reconocimiento de una situación jurídica individual y a su restablecimiento, la ley exige que el recurrente ostente un derecho subjetivo reconocido por el ordenamiento jurídico que se ha impugnado. En esta forma, quien reclame el reconocimiento de una situación jurídica, será incuestionablemente quien ostente su titularidad o aquél a quien se le haya cedido o transmitido (artículo 9°).

La parte demandada será la Administración Pública (artículo 3°) pero no abstractamente considerada, sino una persona jurídica concreta, es decir, la entidad de la cual emanó el acto que se recurre y siempre y cuando se hubiere agotado la vía administrativa. En este sentido, se entenderán igualmente como demandadas las personas que sean titulares de derechos en virtud del acto impugnado o deriven de él intereses personales, legítimos y directos.

En cuanto a la norma prevista en el artículo 13 del Proyecto debe señalarse que de acuerdo con el artículo 68 de la Constitución: "Todos pueden utilizar los órganos de la administración de justicia para la defensa de sus derechos e intereses, en los términos y condiciones establecidos por la Ley..." de donde resulta el derecho que asiste a cualquier particular de comparecer directamente ante los jueces en defensa de sus intereses. Sin embargo, en la actualidad, dada la complejidad de los problemas jurídicos que pueden surgir en la tramitación de un juicio, la tendencia es que las partes no comparezcan directamente sino que lo hagan a través de profesionales del derecho. En esta forma en el citado artículo del Proyecto se ha previsto que "Los administrados que como demandados o demandantes, fueran partes ante esta jurisdicción, deberán estar en todo caso representados o asistidos de abogado", con lo que se repite el principio consagrado en la primera parte del artículo 4° de la Ley de Abogados vigente que expresa: "Toda persona puede utilizar los órganos de la administración de justicia para la defensa de sus derechos e intereses. Sin embargo, quien sin ser abogado deba estar en juicio como actor, como demandado o cuando se trate de quien ejerza la representación por disposición de la Ley o en virtud de contrato, deberá nombrar abogado, para que lo represente o asista en todo el proceso..."

El Capítulo termina con las normas relativas a la representación de la administración demandada, por lo que en concordancia con la Ley de la materia, se deja al Procurador General de la República la representación y defensa de ésta, previéndose que las demás administraciones (artículo 3°) serán representadas ante la jurisdicción contencioso-administrativa por quienes corresponda, de acuerdo con lo previsto en las leyes que las rijan.

Debe hacerse especial consideración del modo en que el Proyecto destaca la actuación del Procurador General de la República, al que además del desempeño de sus funciones como parte, cuando sea demandada la República, se le concede la facultad de dictaminar en todos los recursos contencioso-administrativos (artículo 15) y la de formular más tarde, en tales casos, la apelación correspondiente. Ello es consecuencia de las funciones que al Procurador General de la República le corresponden como vigilante del recto obrar jurídico de la Administración, permitiéndosele, incluso la formulación de los correspondientes recursos en interés de la ley. La colaboración que en su misma continuidad puede prestar a estos efectos la actuación del Procurador de la República, como punto de arranque para instar el establecimiento de un cuerpo uniforme de doctrina en materia contencioso-administrativa, es realmente inestimable, por lo que se refiere al afianzamiento y desarrollo de esta jurisdicción.

El Capítulo III se refiere a uno de los puntos más importantes a que se contrae la normativa de la Ley, esto es, "el objeto del recurso contencioso-administrativo".

En efecto, para que se admita una pretensión ante la jurisdicción contencioso-administrativa, es necesaria la existencia previa de un acto administrativo y que aquella se deduzca precisamente en relación a éste ya sea para solicitar la declaración de su no conformidad con el derecho, ya para exigir el reconocimiento de una situación jurídica individual y la adopción de las medidas necesarias a su restablecimiento (artículo 2°).

La función administrativa, como las demás funciones estatales se realiza a través de una sucesión de actos que culmina con el acto estatal contentivo de la declaración plena de la función que se ejerce. De allí que se considere acto administrativo toda manifestación de voluntad del órgano administrativo actuando en función administrativa, creadora de efectos jurídicos. En esta sucesión de actos cabe formular una distinción fundamental: en primer lugar, nos encontramos con los actos que constituyen un simple presupuesto de la decisión en que se concreta la función administrativa a cargo del órgano competente; ellos preparan la resolución administrativa y han sido denominados "actos de trámite". En segundo lugar, los actos administrativos "definitivos", que constituyen la manifestación final de la acción administrativa. Partiendo de las categorías antes citadas, el Proyecto admite el recurso contencioso-administrativo frente a los actos administrativos definitivos y contra los actos administrativos de trámite, sólo cuando pongan término al procedimiento administrativo o impidan su continuación, siempre que no pueda ejercerse recurso jerárquico contra ellos, esto es, cuando el acto decida directa o indirectamente sobre el fondo del asunto. Por ejemplo, aquellos actos que subordinan la decisión de un procedimiento a la realización de hechos eventuales o indeterminados, o los que suspenden la tramitación de un expediente por tiempo indefinido. La frase final del artículo 17 del Proyecto: "siempre que no pueda ejercerse recurso jerárquico contra ellos", expresa en otras palabras el principio del agotamiento de la vía administrativa, es decir, cuando el acto de que se trate, no sea susceptible de ulterior recurso ordinario, porque haya sido dictado por la autoridad de grado superior en la escala jerárquica, y respecto del cual sólo podrá recurrirse en vía jurisdiccional.

En el artículo 18 se consagra el importante principio de que los reglamentos y demás disposiciones administrativas de carácter general podrán ser objeto de una pretensión procesal administrativa de anulación, extendiéndose la posibilidad de impugnar hasta los actos administrativos dictados en aplicación de tales reglamentos o disposiciones generales, cuando el fundamento del recurso sea el de que ellas son contrarias a derecho. Con esto, se admite además de la impugnación directa de los reglamentos y disposiciones generales, el recurso que la doctrina ha denominado "recurso contencioso-administrativo indirecto", esto es, aquél mediante el cual se recurre del acto que aplica un reglamento con infracción del ordenamiento jurídico. Su inclusión constituye una garantía más para los administrados, ya que éstos, normalmente, no se preocupan de la existencia de reglamentos ilegales, ni tienen conocimiento de ellos, hasta que no sufren las consecuencias con motivo del acto que los aplica.

El artículo 19 declara la inadmisibilidad del recurso contencioso-administrativo contra aquellos actos que reproduzcan, confirmen o sean aplicación o ejecución de precedentes resoluciones administrativas firmes o cuya validez hubiere sido declarada por la jurisdicción contencioso-administrativa. Las razones de la improcedencia del recurso en esos casos son las que sucintamente se exponen a continuación: En primer lugar, respecto de los actos que reproduzcan o confirmen otros, porque el acto es dictado en presencia de los mismos hechos, en base a fundamentos iguales, en el mismo expediente y en relación a los mismos interesados. Como se observa juega aquí el principio de la cosa juzgada administrativa: identidad en cuanto a los sujetos, en cuanto a la pretensión y en cuanto al fundamento de ésta. En segundo lugar, respecto del acto que sea aplicación o ejecución de una resolución administrativa ya firme, porque el mismo sólo es consecuencia de un acto consentido, no recurrido en tiempo hábil. Y en tercer lugar, respecto de aquél cuya validez ha sido declarada por la jurisdicción contencioso-administrativa, porque es obvio que no procede el interponer recurso alguno ante dicha jurisdicción, si ésta ya ha opinado sobre la validez de dicho acto.

El Proyecto consagra un lapso de seis meses como plazo válido para la interposición del recurso, el cual ha sido calificado por la doctrina, como perentorio o preclusivo, pues una vez transcurrido, fenece, es decir, se produce la caducidad. Debe advertirse que la previsión legal elimina la dualidad de plazos que existe en la Ley Orgánica de la Corte Federal en sus artículos 7°, numerales 9° y 25°, y sobre la cual la Corte ha decidido aplicando siempre el más amplio, esto es, el de seis meses.

El plazo para la interposición del recurso contencioso-administrativo, como todo plazo, ha de tener una fecha inicial de referencia, la cual variará según los casos; así lo prevé el artículo 20 del Proyecto. En consecuencia, para solicitar la anulación de una disposición reglamentaria o de un acto administrativo general o particular, el plazo comenzará a correr a partir de la publicación o notificación del acto. Sin embargo, dada la unificación del procedimiento del recurso contencioso-administrativo que establece el Proyecto, no escapó a sus redactores la injusticia que se cometería en caso de estipular sólo un plazo de seis meses para la interposición del recurso dirigido a obtener la cancelación de sumas de dinero, la reparación de daños y perjuicios o el restablecimiento de situaciones jurídicas individuales lesionadas por la actividad administrativa. En este caso, la disposición expresa que dicho plazo comenzará a contarse a partir del día en que se desestime la reclamación administrativa previa de que habla el artículo 30 y siguientes de la Ley Orgánica de la Procuraduría General de la República, reclamación que podrá interponerse dentro del término de prescripción de las acciones respectivas, de conformidad con el Código Civil, esto es, diez años para las acciones personales y veinte años para las acciones reales; de allí que la norma estipule, además, que la no impugnación del acto administrativo no impide el ejercicio de dichas acciones.

Comentario especial merece la excepción de ilegalidad que se consagra en este artículo. En efecto, expresa en el segundo párrafo de su encabezamiento que: "la ilegalidad del mismo acto puede oponerse siempre como excepción, salvo que la ley disponga lo contrario". Con ello, los proyectistas recogieron el dispositivo contemplado en el artículo 7° ordinal 9° de la Ley Orgánica de la Corte Federal.

Esta disposición responde al aforismo *Quae Temporalia Sunt Ad Agendum, Perpetua Sunt Ad Excipiendum*, en otras palabras, los argumentos jurídicos que no puedan ser invocados en justicia en tiempo determinado, pueden serlo siempre como excepción. La existencia de la excepción de la ilegalidad dentro del procedimiento contencioso administrativo obedece a la circunstancia de que la ilegalidad que afecta al acto de que se trate, no desaparece por el hecho de haber transcurrido el lapso legal para interponer recurso en su contra. Respecto de los actos administrativos individuales, en contra de los cuales puede intentarse el recurso de anulación, ha sido establecido un lapso determinado de caducidad, en virtud del cual no podrán impugnarse por vía de acción después de vencido el lapso correspondiente. Sin embargo, el acto administrativo anulable, de efectos individuales podrá ser impugnado siempre por la vía de excepción.

Por otra parte, se establece en este Capítulo que la sola declaratoria de nulidad de las disposiciones o actos impugnados, no presupone derecho a indemnización, pues aquél debe haber producido un daño cierto, evaluable económicamente e individualizado para que opere la indemnización a favor del presunto perjudicado.

La norma final del Capítulo, consagra en primer lugar, la posibilidad de acumular en un recurso las pretensiones, no incompatibles entre sí, deducidas contra un mismo acto o una misma disposición o que referidos a varios actos tengan entre ellos conexión directa e inmediata: tal es el caso de la reclamación de daños y perjuicios en virtud de la ejecución de un acto ilegal; y en segundo lugar, la facultad del órgano jurisdiccional para ordenar la acumulación en uno solo, de varios recursos contencioso-administrativos, lo cual es admisible en virtud de la unificación de los recursos contencioso-administrativos que plantea el Proyecto. Se nota aquí, de nuevo, otra diferencia con el régimen vigente establecido en la Ley Orgánica de la Corte Federal, de acuerdo con la cual el procedimiento de anulación y el de plena jurisdicción, son completamente diferentes. Con esta previsión, se persigue disminuir el número de procesos, esto es, lograr la economía procesal e impedir que se dicten decisiones contradictorias sobre pretensiones conexas.

## III. EL RÉGIMEN RELATIVO A LOS ÓRGANOS DE LA JURISDICCIÓN CONTENCIOSO-ADMINIS-TRATIVA

De conformidad con lo dispuesto por los artículos 206, 215 y la Disposición Transitoria decimoquinta de la Constitución, los órganos de la jurisdicción contencioso-administrativa son la Corte Suprema de Justicia y los demás tribunales que señale la Ley; en tal virtud, el Título II del Proyecto se contrae a determinar cuáles son los órganos que integran dicha jurisdicción, a cuyos fines señala como tales: a) la Corte Suprema de Justicia, b) el Tribunal Superior de la Carrera Administrativa y c) los Tribunales contencioso-administrativos y los Tribunales contencioso-fiscales. En los Capítulos II, III y IV de este Título se regulan, en líneas generales, la competencia y organización de los mismos.

El Proyecto ha establecido el principio de la doble instancia, como fórmula que permitirá asegurar al máximo la protección de los derechos e intereses de los administrados.

El Tribunal Superior de lo Contencioso-Administrativo ocupa grado intermedio entre la Corte Suprema de Justicia y los Tribunales inferiores, a través de lo cual se persigue: por una parte, facilitar una segunda instancia frente a los recursos formulados contra la actuación de la Administración Pública Nacional, al reservarse la instancia superior a la Corte Suprema de Justicia; y por la otra, descongestionar al máximo órgano jurisdiccional, pues se sustraen de su conocimiento, las apelaciones hechas contra las decisiones de los tribunales inferiores. Todas estas normas persiguen como finalidad fundamental la de acelerar la administración de justicia, tan esencial para su acierto y efectividad.

Como aspecto resaltante de este Título debe señalarse el de las condiciones exigidas para ser magistrado del Tribunal Superior y de los Tribunales administrativos y fiscales. Se desea con ello reclutar el personal más idóneo para lograr la especialización que requiere la naturaleza específica de esta jurisdicción; de allí que, además del régimen ordinario aplicable a los jueces, ya previsto en la Ley Orgánica del Poder Judicial, se prevean en el Proyecto los siguientes requisitos: ser mayor de treinta años, el haber ejercido la docencia universitaria en materia de derecho público o, haber desempeñado funciones de asesoría jurídica o de gestión en la administración pública por más de cinco años, en un caso, o de tres en el otro o, haber sido magistrado de otros Tribunales administrativos. La Ley da cabida con ello a las "especiales condiciones de aptitud" de que habla el artículo 112 de la Constitución vigente.

## IV. EL RÉGIMEN RELATIVO AL PROCEDIMIENTO CONTENCIOSO-ADMINISTRATIVO

En el sistema vigente en Venezuela, el procedimiento contencioso-administrativo constituye uno de los aspectos peor regulados, por lo que es precisamente este vacío el que principalmente quiere llenarse con el Proyecto que se comenta a través de las disposiciones consagradas en su tercer Título, dividido en cinco Capítulos denominados así: I: Disposiciones generales; II: Del procedimiento ordinario en primera o única instancia; III: Del procedimiento en segunda instancia; IV: De la ejecución de la Sentencia y V: De los procedimientos especiales fiscales.

Se contemplan en el primero de sus Capítulos las disposiciones generales relacionadas con la suspensión de la ejecución del acto administrativo y con el carácter inquisitorio del proceso contencioso-administrativo.

Debe recordarse aquí que el acto administrativo una vez dictado, se revela como acto obligatorio cuyos efectos vinculan tanto al órgano del cual emana como a las personas a quienes va dirigido. En consecuencia, cualquier acto administrativo se tiene por válido y productor de efectos jurídicos en tanto su validez no quede desvirtuada ante los órganos jurisdiccionales competentes, esto es lo que se ha denominado en la doctrina "principio de la presunción de legitimidad de los actos administrativos", del cual deriva la ejecutividad de los mismos y la posibilidad de ejecución forzosa a cargo de la Administración (ejecutoriedad). En tal sentido, se entiende por ejecutividad del acto administrativo su cualidad jurídica para habilitar a la Administración a los efectos de que pueda proceder a realizar los actos y operaciones necesarias para su ejecución, en otras palabras, que el acto sea cumplido. De este principio de la ejecutividad del acto administrativo resulta la regla de que los recursos administrativos o jurisdiccionales que contra ellos se interpongan no tendrán carácter suspensivo, así se ha establecido en los artículos 90 y 98 del Proyecto de "Ley de Procedimientos Administrativos" cuyo comentario se ha hecho en el Capítulo III de esta Cuarta Parte del Informe. Al respecto expresan los mencionados artículos que "Los actos administrativos una vez que fueren publicados o debidamente notificados serán inmediatamente ejecutivos, por lo que conforme se establece en el artículo 98 de esta Ley, la interposición de cualquier tipo de recurso no suspenderá la ejecución del acto" y el 98: "la interposición de cualquier recurso no suspenderá la ejecución del acto impugnado salvo previsión legal en contrario... El órgano ante el cual se recurra podrá, de oficio o a petición de parte, acordar la suspensión de los efectos del acto recurrido en el caso de que su ejecución pudiera causar grave perjuicio al interesado, o si la impugnación se fundamenta en alguna de las causas de nulidad de pleno derecho a que se refiere el Título I de esta Ley. En estos casos, el órgano respectivo podrá exigir a tal efecto, si lo estima conveniente, la constitución de la caución que se considere suficiente".

Del mismo modo, el Proyecto de Ley Orgánica de la Jurisdicción Contencioso-Administrativa, prevé en el primero de los artículos de este Capítulo que el Tribunal acuerde la suspensión del acto cuando su ejecución pueda causar gravamen irreparable o de difícil reparación y se otorgue, a petición del tribunal, caución suficiente, esto en virtud de la especial gravedad de los daños y perjuicios que su ejecución irrogaría al administrado, gravedad que será apreciada por el órgano jurisdiccional en cada caso.

Respecto a la facultad que se da a los tribunales de esta jurisdicción para que de oficio o a instancia de parte puedan ordenar la práctica de cualesquiera diligencias que tengan relación con los puntos controvertidos, debe señalarse que ello no es otra cosa, que el reconocimiento de la naturaleza inquisitoria del procedimiento contencioso-administrativo. En efecto, en él juega papel preponderante el juez en la búsqueda de las pruebas y en la dirección del proceso, carácter que lo diferencia del procedimiento que puede denominarse ordinario, en el cual, la conducción del proceso y la producción de las pruebas queda en manos de la parte y el juez aparece tan sólo como árbitro del debate. Estos poderes del juez contencioso-administrativo serán mayores cuando se trate de la acción contra una disposición reglamentaria o un acto administrativo contrario a derecho.

En razón de que el Título contempla dos clases de procedimiento: el ordinario o en única instancia y, el procedimiento en segunda instancia, la norma que finaliza este Capítulo hace referencia al caso de los recursos contencioso-administrativos sin procedimiento especial, los cuales se regirán por las disposiciones del Capítulo relativo al procedimiento ordinario y que serán, en todo caso, supletorias de las que regulen los procedimientos especiales.

El Capítulo Tercero merece especial atención pues desarrolla en seis secciones, las fases más importantes por las que atraviesa el procedimiento contencioso-administrativo. Las secciones se han titulado: de la interposición del recurso; de la admisión del recurso; de la contestación de la demanda; de las pruebas y de la relación del juicio, de la sentencia y, de las otras formas de terminación del procedimiento.

Es notable la diferencia entre el régimen que el Proyecto consagra y las disposiciones que actualmente rigen esta materia. En efecto la Ley Orgánica de la Corte Federal apenas manifiesta en seis artículos cuál es el procedimiento a seguir para los casos que contemplan los numerales 8°, 9°, 10°, 11° y 12 de su artículo 7°, es decir, entre otras, para la interposición del recurso (numeral 9°) contra los actos administrativos ilegales o para exigir de la Administración el pago de sumas de dinero, la reparación de daños y perjuicios o el restablecimiento de las situaciones jurídicas subjetivas lesionadas por los actos, hechos o actuaciones de la Administración Pública sometidos al Derecho Administrativo. En efecto, dicha Ley Orgánica prevé lo siguiente en su "Artículo 25: "En los casos a que se refiere el numeral 9° del artículo 7° de esta Ley, y en los no previstos, se seguirá el siguiente procedimiento: El recurso se interpondrá ante la Corte dentro de los tres meses siguientes a la decisión impugnada. Introducido el recurso, la Corte pedirá a la autoridad administrativa que dictó la decisión, el envío de los autos respectivos. Recibido el expediente y hecha la notificación exigida por el artículo 27 la Corte emplazará por cartel que se publicará en la Gaceta Oficial de la República de Venezuela, a todos los que se crean interesados, a fin de que concurran dentro de un lapso prudencial —indicado en el cartel— a hacerse parte del recurso. Vencido este lapso de emplazamiento, los interesados promoverán dentro de las cinco audiencias siguientes las pruebas que estimen pertinentes, las cuales se evacuarán dentro de las diez audiencias posteriores al vencimiento de las cinco dichas, sin concederse término de distancia. Si no se hubieren promovido pruebas, o si promovidas, hubiese transcurrido el lapso de evacuación, comenzará la relación durante la cual podrán evacuarse las pruebas de confesión, experticia e inspección ocular, que se hubieren promovido dentro del primer lapso de cinco audiencias. Terminada la relación, se oirán los informes de los interesados y se procederá a dictar sentencia, pudiendo antes la Corte dictar auto para mejor proveer. En la resolución del recurso la Corte podrá confirmar la decisión impugnada o reponer el procedimiento. En todo caso se aplicará en cuanto a costas las reglas del Código de Procedimiento Civil".

La transcripción de dicho artículo es importante hacerla antes de entrar a analizar el articulado de este Capítulo, a fin de anotar las modificaciones y ampliaciones de la normativa del Proyecto que versa sobre el procedimiento contencioso-administrativo.

En efecto, si el proceso es una institución de satisfacción de las pretensiones que una parte aduce contra otra, es lógico que su iniciación se haga a través del acto que impulsa la actuación del órgano jurisdiccional, en otras palabras, mediante la demanda. Dada la distinción que se ha hecho en el derecho y legislación comparados, entre el escrito de interposición del recurso y la demanda propiamente dicha, esto es, el acto mediante el cual se formula la pretensión, los proyectistas han redactado la disposición que inicia el Capítulo cubriendo ambos supuestos (artículo 42). En este sentido se habla del escrito de interposición del recurso en el que se identificará el recurrente, se señalará el objeto del recurso y se expresará la pretensión del recurrente, los motivos que en derecho la fundamentan, así como cualquier otra cuestión cuyo conocimiento proponga a los Tribunales de esta jurisdicción, indicándose, en los casos que la Ley lo exija, la cuantía del recurso. Esta norma se completa con otro artículo que prevé la posibilidad de ampliar el escrito, la cual se comenta más abajo.

Interpuesto el recurso se dará recibo por Secretaría y el Presidente del Tribunal, designará el Magistrado ponente.

Al escrito, deberán acompañarse los siguientes documentos: a) el poder que acredite la representación del compareciente cuando no sea el mismo interesado, b) la copia del acto y si hubiere sido publicado, un ejemplar del diario o Gaceta Oficial en la que tal publicación se efectuó, o en su defecto, el número y fecha de la edición respectiva.

A continuación se establece la obligación a cargo de la autoridad administrativa de remitir el expediente donde consten todas las diligencias que se hubieren realizado en la tramitación del procedimiento administrativo, envío que se producirá dentro de un plazo no menor de diez ni mayor de 15 días continuos, a contar de la fecha de recibo del oficio que al efecto se remita. En esta forma el órgano jurisdiccional podrá conocer y utilizar todos los datos que figuran en dicho expediente, aun cuando las partes no las hayan hecho valer en el proceso. Como se observa, la misión inquisidora del juez contencioso-administrativo logra su plenitud, pues revisará no sólo el acto cuya impugnación se interpone, sino hasta las actuaciones administrativas que lo originaron.

Ante la importancia que reviste el expediente administrativo para el proceso contencioso-administrativo, la Ley establece una sanción de multa al funcionario responsable del retraso en enviarlo y arresto de ocho días para quienes se opusieren o impidieren su actuación. En caso de venir el expediente incompleto, el juez podrá requerir de la Administración que sea completado en la misma forma y bajo los mismos apercibimientos que el artículo indica.

Debe destacarse que es éste uno de los puntos en que la ley establece sanciones para el caso del incumplimiento de sus disposiciones. En esta forma, la responsabilidad juega aquí para el funcionario que no remita al Tribunal en debido tiempo y forma el expediente administrativo correspondiente, en cuanto que como es obvio, el conocimiento del mismo es en principio el mejor camino para pronunciarse sobre la acomodación al derecho del acto o disposiciones recurridos. Ahora bien, la ley prevé también otros dos casos de responsabilidad; el primero para los jueces que no sentenciaren oportunamente y el segundo, para quienes no acaten el cumplimiento a lo ordenado por los tribunales contencioso-administrativos, a fin de llevar a cabo la ejecución de las sentencias dictadas por ellos. (Artículos 66, 84 y 85).

Una vez recibido el expediente, el recurrente podrá, dentro de las cinco audiencias siguientes, ampliar o reformar su escrito inicial; ello porque a la vista de dicho expediente aquél podrá completar su información mediante los nuevos datos puestos a su disposición a través del conocimiento del mismo. Por esta vía, el recurrente podrá ampliar su pretensión dándole una mejor y más acabada fundamentación.

La sección segunda que trata de la admisión del recurso, envuelve una importante modificación al sistema actual, en el cual la declaratoria de inadmisibilidad se hace al decidirse el recurso. En tal sentido, el proyecto dispone que dentro de las tres audiencias siguientes al vencimiento del término para reformar el escrito o, la fecha de presentación del mismo, el juez sustanciador admitirá el recurso o lo declarará inadmisible mediante decisión motivada. Esta declaración procede: por extemporaneidad del recurso, por incompetencia del tribunal y por carencia de legitimación del recurrente si éste o su representante no tienen cualidad para comparecer en juicio.

La modificación señalada involucra, por lo demás que sea sólo después de dictada la declaratoria cuando se haga la comunicación al representante de la entidad de que se trate, emplazándola para contestar la demanda al décimo día hábil siguiente a su notificación, la cual se entenderá realizada una vez transcurridos 15 días a contar de la fecha del recibo del oficio.

La sección tercera comprende la normativa destinada a regular el acto de contestación a la demanda y las formalidades a cumplirse, y la sección cuarta está referida a las pruebas y a la relación del juicio. Esta requiere un comentario especial.

En efecto, la actividad probatoria dentro del proceso tiene como finalidad fundamental la de convencer al juez contencioso-administrativo de la existencia o inexistencia de los datos procesales que han de servirle para fundar su decisión. La Ley Orgánica de la Corte Federal, apenas hace mención de este importante aspecto del proceso cuando en su artículo 25 dispone... "Vencido este lapso de emplazamiento; los interesados promoverán dentro de las cinco audiencias siguientes las pruebas que estimen pertinentes, las cuales se evacuarán dentro de las diez audiencias posteriores al vencimiento de las cinco dichas, sin concederse término de distancia". En el Proyecto, por el contrario, además de ampliarse el término de promoción (10 audiencias) y de evacuación (20 audiencias) se regula más detalladamente su tramitación. En consecuencia, las reglas que rigen la prueba en el proceso civil y señalan la admisibilidad de ésta cuando se está ante hechos dudosos o controvertidos, deben aplicarse al proceso administrativo y así lo han hecho los proyectistas (artículos 59-63); en esta forma, habrá que acudir, en lo no previsto por la Ley, a las normas procesales comunes.

Debe hacerse hincapié en que la Ley consagra amplias facultades a los órganos de esta jurisdicción para que puedan disponer de todos los elementos necesarios a los efectos de constatar la adecuación o no al derecho, de lo que, en cada caso, configura la materia del recurso. En tal sentido, tienen marcada relevancia las facultades que el Proyecto contiene en relación a la fase probatoria, ya que, frecuentemente, es en la precisión y análisis de los hechos que han fundamentado el acto administrativo impugnado, donde radica la posibilidad de determinar si éste es ilegal o no. Conviene recordar, por otra parte, que el control de los hechos constituye en la actualidad el punto álgido de esta jurisdicción, a cuyo fin la normativa que se analiza pretende dotar a los Tribunales de los medios necesarios para llevar a cabo las verificaciones respectivas. Se ha procurado también que los plazos y términos, aún siendo suficientes, no sean excesivamente amplios hasta el extremo de retardar en su efectividad las consecuencias a percibir del ejercicio de esta jurisdicción.

Una vez finalizado el período de prueba en sus dos fases de promoción y evacuación o, el día siguiente de haberse contestado la demanda, el tribunal procederá a dictar auto en el que declarará abierta la relación del juicio, señalando fecha para la práctica de los informes en un término no mayor de 15 días. Realizado el acto de informes, continuará la relación por un término no superior a quince días. Acabada la relación y en caso de no haberse dictado auto para mejor proveer, el Tribunal fijará un lapso no superior a 10 días para dictar sentencia.

La sección quinta, de la sentencia, establece que para que la misma produzca sus efectos normales será necesario que concurran en ella ciertos elementos que el derecho procesal exige. En consecuencia, aparte de las normas procesales comunes que le sean aplicables, el Proyecto fija que la misma decidirá sobre todas las cuestiones debatidas y contendrá decisión clara y precisa con alguno de los pronunciamientos que señala en cinco ordinales el artículo 67.

Si bien el Tribunal no puede modificar la sentencia una vez dictada, sí puede hacer las aclaraciones o ampliaciones que estime oportunas en los términos establecidos por el Código de Procedimiento Civil (artículo 70). Estas aclaratorias o ampliaciones se harán a instancia de parte y versarán sobre puntos que puedan presentar ambigüedad u oscuridad, (artículo 164 del Código de Procedimiento Civil).

La sección sexta remite a las normas del Código de Procedimiento Civil en materia de desistimiento y perención de la instancia. En cuanto al primero, juega el concepto común de que él se produce cuando el demandante renuncia a la petición de la pretensión deducida en un proceso; no hay renuncia del fundamento de su pretensión de manera que siempre podrá alegar el mismo fundamento en apoyo de una nueva demanda. Sin embargo, debe señalarse que el plazo para la interposición del recurso es muy breve (6 meses), de allí que, en materia contencioso-administrativa, tal desistimiento implique materialmente la imposibilidad de demandar nuevamente, pues normalmente dicho plazo habrá transcurrido.

El Capítulo III de este Título, trata del "procedimiento en segunda instancia". Su previsión en la Ley obedece, como se ha afirmado anteriormente, a la finalidad de garantizar en mayor grado no sólo el acierto de las decisiones de los órganos de esta jurisdicción, sino la efectiva protección de los derechos e intereses de los administrados. Al respecto, la normativa del Capítulo remite al Código de Procedimiento Civil y concreta ciertos puntos de manera especial, tales como las pruebas a admitirse, el término de apelación, etc.

El Capítulo IV, de la ejecución de la sentencia, trata de conciliar el status privilegiado de la Administración con la realización práctica de la pretensión del recurrente, cuya satisfacción es —en último término— la razón de ser del proceso.

Respetando las reglas de la inejecutabilidad de los bienes de las personas públicas, el Proyecto, siguiendo en ello la orientación tradicional del derecho procesal, regula la ejecución de la sentencia en atención al contenido del fallo: por ejemplo la que pronuncia la nulidad de un acto no ofrece mayores problemas en cuanto a su ejecución. Es posible sin embargo, que tal declaratoria en sí misma no sea suficiente y que deba la Administración realizar medidas para llevar a la práctica el contenido de la decisión. En este supuesto, que es también el del restablecimiento de situaciones jurídicas lesionadas, el proyecto parte de consideraciones similares a las que informan el cumplimiento de las obligaciones personalísimas, habida cuenta de que por virtud de la separación de poderes no puede el juez sustituirse a la Administración. Si hubiere renuencia en cumplir lo ordenado, se prevé como medida coadyuvante el establecimiento de la responsabilidad civil y penal de los funcionarios a quienes competa la realización de las medidas indicadas en el fallo. En especial, el artículo 85 del proyecto tipifica como delito contra la administración de justicia la desobediencia del funcionario a las órdenes indicadas por el Tribunal, tal y como se ha comentado al hablar de la responsabilidad que toca al funcionario negligente en la remisión del expediente administrativo.

En los supuestos de sentencia de condena, el Proyecto toma en cuenta el carácter fungible o no fungible de los bienes objeto de la prestación, siguiendo en ello la regulación que contempla nuestro Código de Procedimiento Civil. Así, cuando se trata de la condena a entregar un cuerpo cierto, el Tribunal pondrá en posesión del mismo al demandante; en tanto que si se trata del pago en cantidades de dinero, la satisfacción del actor debe realizarse a través de los mecanismos usuales, vale decir, la respectiva previsión presupuestaria. Sin embargo, aún en el caso de la condena a entregar un bien determinado, puede llegarse al cumplimiento por equivalente, es decir la indemnización al demandante pero sólo si el bien estuviere afectado al uso público, a un servicio público o a una actividad de interés público. En todo caso, la declaratoria del Tribunal que impone la sustitución de la obligación de entregar el bien por la del pago de una indemnización —que presupone la ilegitimidad de la apropiación de dicho bien— no convalida la irregularidad de la conducta de los funcionarios administrativos cuya responsabilidad civil y penal puede serles exigida.

En cualquiera de los supuestos de ejecución se prevé la responsabilidad concurrente de los funcionarios administrativos a quienes competa cumplir lo ordenado por el Tribunal. Además merece particular atención el dispositivo consagrado en el artículo 84 del proyecto, que recoge la figura de la multa de apremio relativamente nueva en nuestro derecho.

Los procedimientos fiscales están regulados en el Capítulo V del Proyecto, partiendo de la especificidad de los mismos, y del interés fiscal en la pronta recaudación de las contribuciones. Es este último aspecto el que explica, por una parte, los términos más breves para recurrir y, por la otra, la mayor celeridad del procedimiento. Destaca en este punto el propósito de los proyectistas de reducir los distintos procedimientos a un marco común conservando tan sólo la especialidad de los juicios de cuenta.

Un aspecto sobre el cual debe llamarse la atención es el propósito del proyecto de separar los procedimientos para reprimir las infracciones fiscales de aquellos que atienden al contenido sustancial de la obligación tributaria. Sin que ello signifique ningún pronunciamiento sobre la especialidad del ilícito fiscal como categoría perfectamente delimitable del penal, se consideró conveniente, por razones de tradición y de práctica forense, conservar la competencia de los funcionarios administrativos y de los Tribunales de Hacienda en la represión del contrabando. De la misma manera, se consideró que no cabía en este Proyecto la regulación sustantiva del ilícito tributario, remitiéndose en ello a la vigente Ley Orgánica de la Hacienda Pública Nacional. Es esta razón la que explica que al determinar la competencia por razón de la materia de los Tribunales fiscales (artículos 35 y 88 del proyecto, en especial del primero de los artículos mencionados), se prefirió una cláusula residual: conocer de los procesos por infracción de leyes tributarias o fiscales, cuando ello no esté atribuido a otras autoridades.

En la sección segunda del Capítulo V se consagra la unificación del procedimiento conforme al cual deben ventilarse los asuntos de la competencia de los tribunales fiscales, con la sola excepción de los reparos a las cuentas de gastos y los procesos por infracción de leyes tributarias o fiscales, a los cuales ya nos hemos referido. Se consideró conveniente que a la unidad de jurisdicción corresponda, en la medida de lo posible, la unidad de procedimiento.

En esta materia, el Proyecto distingue entre el anuncio del recurso —que debe hacerse ante el funcionario liquidador— de la proposición del mismo, que se hará ante el Tribunal fiscal. Solamente respecto del segundo se exige la fundamentación de la pretensión deducida y para el caso de que el acto impugnado tuviera un contenido monetario, se conserva el principio solve et repete, atenuándolo en el sentido de admitir caución sustitutiva. A diferencia de la situación actual, la calificación de la caución ofrecida corresponde al Tribunal y no a la Administración tributaria, previéndose una articulación breve para permitir al recurrente la sustitución de la caución, si la misma fuere considerada inaceptable o insuficiente.

El procedimiento fiscal sigue de cerca al contencioso-administrativo: así el Tribunal debe pronunciarse previamente sobre la admisibilidad o no del recurso, exigiendo, en su caso, la remisión del expediente administrativo; recibido éste, se abre la causa a pruebas o se declara no haber lugar a tal fase del proceso, pasándose a la relación de la causa.

Como puede observarse, se prescinde de la contestación a la demanda, siguiendo en ello la experiencia de los actuales Tribunales fiscales especiales y en concreto, la de los del Impuesto sobre la Renta.

Los aspectos señalados son los que diferencian este procedimiento del contencioso-administrativo pues, desde la apertura del término probatorio en adelante, se ordena seguir el juicio de la misma manera que el contencioso-administrativo.

Dentro de las previsiones del Proyecto solamente se le dio perfil propio como procedimiento fiscal especial, a los juicios de cuenta y en general a los que se sigan para exigir la responsabilidad civil de los empleados de hacienda o de las personas calificadas como tales y la de los funcionarios o empleados públicos.

La regulación del Proyecto no difiere esencialmente del actualmente en vigor conforme a la Ley Orgánica de la Hacienda Pública Nacional, salvo por lo que respecta a la continuación del juicio después de la apertura del término de pruebas, cuya regulación es similar a la del procedimiento contencioso-administrativo.

## V. DISPOSICIONES FINALES Y TRANSITORIAS DEL PROYECTO

La transición del régimen actual al del Proyecto plantea aspectos de delicada solución, contempladas en el Título IV del mismo. En efecto, se dispone que en tanto la Ley respectiva determine la organización de la Corte Suprema de Justicia, la competencia que a ésta atribuye el Proyecto será ejercida por la actual Sala Político-Administrativa. Basándose en esta razón, no se indica en el Proyecto el procedimiento aplicable ante nuestro máximo Tribunal.

Por último, la creación de los tribunales a que se refiere el Proyecto no puede ser objeto de una regulación rígida, por lo cual se prefirió dejar al Ejecutivo Nacional suficiente margen de acción dentro de un lapso razonable —seis meses— para la implantación progresiva de los mismos, así como la transferencia a ellos de la competencia ejercida en la actualidad por los tribunales contencioso-administrativos y fiscales especiales.

## SECCIÓN SEGUNDA:

## PROYECTO DE LEY DE LA JURISDICCIÓN CONTENCIOSO ADMINISTRATIVA 1965-1971

# TITULO I
# DISPOSICIONES FUNDAMENTALES

## CAPITULO I
### *DISPOSICIONES GENERALES*

*Artículo* 1. La jurisdicción contencioso-administrativa, a quien corresponde el conocimiento de las pretensiones que se deduzcan contra la administración pública, con las excepciones señaladas en ésta u otras leyes, se regulará por lo previsto en la presente Ley.

*Artículo* 2. Los órganos de la jurisdicción contencioso-administrativa son competentes para anular las disposiciones reglamentarias y los actos administrativos contrarios a derecho; establecer la responsabilidad patrimonial de la administración pública; condenar a ésta al pago de cantidades de dinero y a la reparación de daños y perjuicios y disponer lo necesario para el restablecimiento de las situaciones jurídicas subjetivas, lesionadas por los hechos, actos y actuaciones de la administración pública, sometidos al Derecho Administrativo.

Los recursos contencioso-administrativos de interpretación sólo podrán interponerse en los casos previstos expresamente en las leyes.

*Artículo* 3. A efectos de lo establecido en esta Ley, se entenderá por Administración Pública:

1. La Administración Pública Nacional, Estadal o Municipal.
2. Los Institutos Autónomos y demás establecimientos públicos.
3. Las Corporaciones o entidades de derecho público que desempeñen funciones públicas, o que tengan a su cargo la representación o defensa de intereses de carácter general, profesional o corporativo.

*Artículo* 4. La jurisdicción contencioso-administrativa no conocerá de asuntos de índole civil, mercantil o laboral, aun cuando en ellos sea parte o haya de intervenir la administración pública, salvo que los mismos se planteen como cuestiones prejudiciales o incidentales a la decisión de un recurso contencioso-administrativo. Las decisiones que en tal sentido adopten los tribunales de esta jurisdicción, no producirán efectos fuera del proceso en que se dicten.

Tampoco corresponderá al conocimiento de los órganos de esta jurisdicción, los recursos atribuidos a la jurisdicción constitucional, salvo en lo referente a la determinación de la responsabilidad patrimonial a que pudieren dar lugar los actos impugnados.

*Artículo* 5. La competencia de la jurisdicción contencioso-administrativa es improrrogable. Los órganos de la misma podrán apreciar, incluso de oficio, su falta de competencia. La resolución que a estos efectos adopten los tribunales contencioso-administrativos, siempre habrá de ser fundada e indicar la jurisdicción que se estima competente para conocer del asunto de que se trate. Si el recurrente compareciese ante esta última en el plazo de un mes, a contar desde la fecha de publicación de la resolución indicada, se entenderá como si lo hubiera hecho en el momento en que interpuso el recurso contencioso-administrativo.

*Artículo* 6. En lo no previsto en esta Ley regirán con carácter supletorio la Ley Orgánica del Poder Judicial y el Código de Procedimiento Civil, cuyas normas, en todo caso, se aplicarán de acuerdo con las características y principios propios de esta jurisdicción.

## CAPITULO II
## DE LAS PARTES

*Artículo* 7. La capacidad procesal exigida para recurrir ante la jurisdicción contencioso-administrativa será la que con carácter general establece el Código de Procedimiento Civil.

*Artículo* 8. Están legitimados para solicitar la anulación de los actos y disposiciones contrarios a derecho:

1. Los que tuvieren en ello interés legítimo, personal y directo.
2. Los que hubieren sido lesionados en sus derechos subjetivos.

El recurrente podrá pretender además, en este segundo caso, el reconocimiento de su situación jurídica individual y el restablecimiento de la misma, cuando hubiera sido lesionada por el acto o disposición objeto del recurso.

*Artículo* 9. Cuando la legitimación derivase de alguna relación jurídica transmisible, quien se subrogue en ella podrá suceder a la persona que inicialmente hubiera actuado como parte, en cualquier estado del proceso.

*Artículo* 10. Las distintas administraciones públicas podrán impugnar ante esta jurisdicción los actos y disposiciones dictadas por otra administración cuando lesionen sus derechos o sus intereses, en los términos establecidos en el artículo 8 de esta Ley.

*Artículo* 11. Cuando se impugne un acto administrativo se considerarán como partes demandadas, tanto la respectiva administración, como las personas que deriven de aquellos derechos o intereses legítimos, personales y directos.

*Artículo* 12. La administración autora de algún acto administrativo individual que fuera firme y creador de derechos a favor de particulares y que, por tanto, no pudiera por sí misma revocarlo, podrá también impugnarlo ante la jurisdicción contencioso-administrativa, si lo estimare contrario a derecho, previo informe favorable de la Consultoría Jurídica respectiva.

En tales casos se requerirá resolución previa en tal sentido del Ejecutivo Nacional, Estadal o del Distrito Federal tratándose de actos emanados de la administración nacional, estadal o del Distrito Federal respectivamente, del Concejo Municipal si se tratare de actos de la administración municipal, o de aquellos órganos que jurídicamente ostentan la representación de las mismas, tratándose de actos de las restantes entidades y corporaciones a que hace referencia el artículo 3, ordinales 2° y 3° de esta Ley.

La resolución a que se refiere el aparte anterior no podrá recurrirse ante la jurisdicción contencioso-administrativa. Los que con ella puedan sentir lesionados sus derechos o intereses legítimos, podrán sin embargo actuar como partes en el proceso que a tal fin se inicie.

*Artículo* 13. Los administrados que, como demandados, o demandantes, fueran partes ante esta jurisdicción, deberán estar en todo caso representados o asistidos de abogado.

*Artículo* 14. La representación y defensa de la República corresponderá al Procurador General de la República, de acuerdo con lo que establece la ley orgánica respectiva. Las demás administraciones serán representadas ante la jurisdicción contencioso-administrativa por quienes corresponda, con arreglo a las normas jurídicas que las rijan.

*Artículo* 15. El Procurador General de la República podrá dictaminar en todos los recursos que se interpongan ante la jurisdicción contencioso-administrativa, una vez contestada la demanda, aun cuando la República no fuere parte en el juicio.

*Artículo* 16. En ningún caso el representante de la administración demandada podrá convenir, sin expresa autorización del órgano competente.

## CAPITULO III
## DEL OBJETO DEL RECURSO CONTENCIOSO-ADMINISTRATIVO

*Artículo* 17. Podrán ser objeto de recurso los actos administrativos definitivos y los de trámite, cuando pongan término al procedimiento administrativo o impidan su continuación, siempre que no pueda ejercerse recurso jerárquico contra ellos.

*Artículo* 18. Los reglamentos y demás disposiciones administrativas de carácter general podrán ser impugnados directamente, sin que sea preciso agotar la vía administrativa.

También se impugnarán directamente ante esta jurisdicción los actos administrativos dictados en aplicación de los reglamentos y disposiciones a que se refiere el apartado anterior, cuando el fundamento del recurso sea que tales disposiciones son contrarias a derecho.

La falta de impugnación directa de una disposición de carácter general o la desestimación del recurso que contra ella se hubiere interpuesto, no impedirá la impugnación, por quienes estén legitimados, de los actos individuales de aplicación de aquélla.

*Artículo* 19. No es admisible recurso contra los actos que reproduzcan, confirmen o sean aplicación o ejecución de precedentes resoluciones administrativas ya firmes o cuya validez hubiere sido declarada por la jurisdicción contencioso-administrativa.

*Artículo* 20. El término para recurrir ante la jurisdicción contencioso-administrativa es de seis meses, contados a partir de la fecha de notificación del acto que se impugne.

Cuando se demandare la cancelación de sumas de dinero, la reparación de daños y perjuicios o el restablecimiento de situaciones jurídicas individuales lesionadas por la actividad administrativa, el término para recurrir será de seis meses contados a partir del día en que se considere desestimada la procedente reclamación formulada con carácter previo en vía administrativa conforme a la Ley Orgánica de la Procuraduría General de la República, la cual podrá iniciarse en el término de prescripción de las acciones respectivas, conforme al Código Civil.

La no impugnación de un acto administrativo no impide el ejercicio de las acciones a que se refiere el aparte anterior.

*Parágrafo Único.* La ilegalidad del acto administrativo puede oponerse siempre como excepción, salvo que la ley disponga lo contrario. Cuando la excepción sea opuesta ante otros tribunales distintos de los de la jurisdicción contencioso-administrativa, se suspenderá el procedimiento, y el Tribunal respectivo remitirá el expediente al tribunal competente de aquella, quien deberá conocer del asunto conforme al procedimiento establecido en esta Ley.

*Artículo* 21. La declaratoria de nulidad de las disposiciones o actos impugnados no presupone derecho a indemnización.

*Artículo* 22. Podrán ser acumulables en un solo recurso las pretensiones que, no siendo incompatibles entre sí, se deduzcan en relación con un mismo acto o con una misma disposición o que, aunque se refieran a varios actos o disposiciones, tengan entre ellos conexión directa e inmediata.

El tribunal, de oficio o a instancia de parte y previa audiencia de éstas, podrá ordenar la acumulación en uno sólo de varios recursos contencioso-administrativos, una vez que estos fueren presentados, sin que contra la decisión que en tal sentido adopte el tribunal quepa recurso alguno.

## TITULO II
## DE LOS ÓRGANOS DE LA JURISDICCIÓN CONTENCIOSO-ADMINISTRATIVA

### CAPITULO I
### DISPOSICIONES GENERALES

*Artículo* 23. Son órganos de la jurisdicción contencioso-administrativa:

1. La Corte Suprema de Justicia;
2. El Tribunal Superior de lo Contencioso Administrativo; y
3. Los tribunales contencioso-administrativos y los tribunales fiscales.

### CAPITULO II
### DE LA CORTE SUPREMA DE JUSTICIA

*Artículo* 24. La Corte Suprema de Justicia, como órgano de la jurisdicción contencioso-administrativa, conocerá:

1. En única instancia, de los recursos contra actos, disposiciones o actuaciones del Ejecutivo Nacional, considerando como tales, a

los efectos del artículo 215, ordinal 7° de la Constitución, los dictados por el Presidente de la República, actuando por sí mismo o en Consejo de Ministros.

2. En alzada, de las apelaciones contra la sentencias que dicte el Tribunal Superior de lo Contencioso-Administrativo como tribunal de primera instancia.

La Corte Suprema de Justicia, como órgano de la jurisdicción contencioso-administrativa ejercerá además las otras funciones que le corresponden conforme a las leyes.

# CAPITULO III
# DEL TRIBUNAL SUPERIOR DE LO CONTENCIOSO-ADMINISTRATIVO

## Sección Primera: De la jurisdicción y competencia

*Artículo* 25. El Tribunal Superior de lo Contencioso-Administrativo tendrá su sede en la ciudad de Caracas, y jurisdicción sobre todo el territorio de la República. Funcionará en dos salas, que se denominarán Sala de lo Contencioso-Administrativo y Sala de lo Contencioso-Fiscal. El Ejecutivo Nacional, podrá mediante decreto aumentar el número de magistrados del tribunal, así como disponer la creación de nuevas Salas, determinando, en tal caso, la competencia de cada una de ellas.

*Artículo* 26. El Tribunal Superior de lo Contencioso-Administrativo conocerá:

1. En alzada, de los recursos contra las sentencias de los tribunales contencioso-administrativos y de los tribunales fiscales.
2. En primera instancia, de los recursos contencioso-administrativos que se interpongan contra actos, disposiciones o actuaciones de los Ministros, de los Directores Generales y de los demás Directores de los Ministerios o funcionarios de categoría similar, siempre que tales actos agoten la vía administrativa, y no estén especialmente atribuidos a los tribunales fiscales, conforme a esta Ley.
3. En primera instancia, de los recursos contra disposiciones, actos o actuaciones del Fiscal General y del Contralor General de la República, siempre que las mismas no tengan por objeto preparar ulteriores resoluciones de la administración y su conocimiento no corresponda a los tribunales fiscales.

Cuando se trate de recursos que tengan por objeto el pago de sumas de dinero o la reparación de daños y perjuicios, cuya cuantía sea inferior a cinco mil bolívares, el Tribunal Superior de lo Contencioso-Administrativo conocerá en única instancia.

*Artículo* 27. El Tribunal Superior de lo Contencioso-Administrativo ejercerá respecto a los tribunales contencioso-administrativos y a los tribunales fiscales las atribuciones que corresponden a los tribunales superiores respecto a los de primera instancia.

***Sección Segunda*: *De la integración del tribunal***

*Artículo* 28. El Tribunal Superior de lo Contencioso-Administrativo estará integrado por nueve magistrados principales e igual número de suplentes, designados conforme a la Ley Orgánica del Poder Judicial. Tendrá además nueve conjueces, elegidos por el tribunal en pleno.

Para ser magistrado del Tribunal Superior se requieren, además de las condiciones exigidas por la Ley Orgánica del Poder Judicial, las siguientes:

1. Ser mayor de treinta años.
2. Haber ejercido la docencia universitaria en materia de Derecho Público, o haber desempeñado funciones de asesoría jurídica o de gestión en la administración pública por más de cinco años, o haber sido magistrado en los tribunales contencioso-administrativos o de los tribunales fiscales por un período no menor de cinco años.

*Artículo* 29. Designados los miembros del tribunal, éste procederá a determinar la integración de cada sala y a elegir al Presidente y al Vicepresidente, los cuales durarán un año en el ejercicio de sus funciones y no podrán ser reelegidos.

El Presidente será miembro de ambas salas, las cuales presidirá y tendrá a su cargo la dirección y coordinación general de los asuntos del conocimiento del tribunal. Corresponde al Vicepresidente suplir las ausencias temporales del Presidente.

*Artículo* 30. El Tribunal Superior de lo Contencioso Administrativo tendrá un Secretario General, que deberá ser abogado.

El tribunal dispondrá de los servicios administrativos necesarios para el mejor ejercicio de sus funciones, cuyo personal, bajo la dependencia del Secretario, quedará adscrito a las distintas salas. El tribunal dictará su reglamento interno, que habrá de someter a la aprobación de la Corte Suprema de Justicia.

# CAPITULO II
# DE LOS TRIBUNALES CONTENCIOSO-ADMINISTRATIVOS Y DE LOS TRIBUNALES FISCALES

## Sección Primera: De la jurisdicción y competencia

*Artículo* 31. El territorio de la República estará dividido en cuatro o más circunscripciones judiciales, dentro de las cuales tendrán jurisdicción los tribunales contencioso-administrativos y los tribunales fiscales que se crearen de conformidad con la Ley Orgánica del Poder Judicial. Los límites de dichas circunscripciones serán fijados por el Ejecutivo Nacional al decretar la creación de los tribunales y deberán coincidir o abarcar las regiones administrativas establecidas en el país.

*Artículo* 32. En cada una de las circunscripciones a que se refiere el artículo anterior funcionarán, al menos, un tribunal contencioso-administrativo y un tribunal fiscal.

Cuando en una misma circunscripción funcionaren varios tribunales contencioso-administrativos o tribunales fiscales, el Ejecutivo Nacional podrá distribuir entre ellos el conocimiento de las distintas materias que integran la competencia que esta Ley les acuerda.

*Artículo* 33. Corresponde a los tribunales contencioso-administrativos conocer en primera instancia de los recursos que se interpongan contra actos o disposiciones de:

1. Los institutos autónomos y corporaciones o entidades de derecho público, que agoten la vía administrativa.
2. Los Gobernadores de los Estados, del Distrito Federal y de los Territorios Federales y de los funcionarios subalternos de dichas autoridades que agoten la vía administrativa.
3. Las Municipalidades, cuando su conocimiento no estuviese reservado a la jurisdicción constitucional.

*Artículo* 34. Los tribunales contencioso-administrativos conocerán, en primera instancia, de los recursos que tengan por objeto el pago de sumas de dinero o la reparación de daños y perjuicios por las administraciones enunciadas en el artículo anterior y la cuantía sea igual o superior a cinco mil bolívares. Si la cuantía fuere inferior a este límite, los tribunales contencioso-administrativos conocerán en única instancia.

*Artículo* 35. Corresponde a los tribunales fiscales, en primera instancia:

1. Conocer de los recursos contra actos de liquidación de impuestos, tasas u otras contribuciones.
2. Conocer del recurso contra los reparos formulados por la Sala de Examen de la Contraloría General de la República, en los casos previstos por la ley.
3. Conocer de las demandas propuestas contra la negativa de la administración a efectuar el reintegro de cantidades pagadas por concepto de contribuciones.
4. Conocer de los juicios de cuenta y, en general, de los procesos que se sigan para exigir la responsabilidad civil a que están sujetos los funcionarios o empleados de hacienda, los funcionarios o empleados públicos y los particulares en materia fiscal, cuando el conocimiento del asunto, en sus casos, no estuviere atribuido por la ley a otra autoridad.
5. Conocer de los procesos por infracciones de leyes tributarias o fiscales, cuando ello no esté atribuido a otras autoridades; y
6. Conocer de todas las controversias que se susciten entre la administración y los particulares con motivo de la interpretación o aplicación de las leyes u ordenanzas tributarias y sus reglamentos, cuando su conocimiento no estuviese atribuido por la ley a otra autoridad.

*Artículo* 36. Los tribunales fiscales conocerán en única instancia de los asuntos indicados en los numerales 1°, 2° y 3° del artículo anterior, cuando la cuantía de éstos sea inferior a cinco mil bolívares.

Sección Segunda: De la integración de los tribunales contencioso-administrativos y fiscales

*Artículo* 37. Los tribunales contencioso-administrativos y los tribunales fiscales estarán integrados por tres magistrados, designados de conformidad con la Ley Orgánica del Poder Judicial, y los respectivos suplentes.

*Artículo* 38. Para ser magistrado de estos tribunales se requiere, además de las condiciones exigidas por la Ley, haber ejercido la docencia universitaria en materia de Derecho Público, o haber desempeñado funciones de asesoría o de gestión en la administración pública, durante un plazo no inferior a tres años.

# TITULO III
# DEL PROCEDIMIENTO CONTENCIOSO-ADMINISTRATIVO

## CAPITULO I
## DISPOSICIONES GENERALES

*Artículo* 39. Los Tribunales de esta jurisdicción podrán, en cualquier momento del proceso, de oficio o a instancia de parte, suspender la ejecución del acto administrativo recurrido, cuando ella pueda causar gravamen irreparable o de difícil reparación y se diere, si el tribunal lo exige, caución suficiente.

*Artículo* 40. Los tribunales de esta jurisdicción podrán de oficio ordenar, en cualquier estado del juicio y dentro del término que al efecto determinen en cada caso, la práctica de cualesquiera diligencias que puedan tener relación con los puntos controvertidos.

*Artículo* 41. Los recursos contencioso-administrativos que no tuvieren señalado un procedimiento especial se tramitarán siguiendo el establecido en el Capítulo siguiente. Las normas contenidas en el referido Capítulo serán, en su caso, supletorias de las que regulen los procedimientos especiales.

## CAPITULO II
## DEL PROCEDIMIENTO ORDINARIO EN PRIMERA O ÚNICA INSTANCIA

### *Sección Primera: De la interposición del recurso*

*Artículo* 42. El procedimiento contencioso-administrativo se iniciará mediante escrito dirigido al tribunal ante el que se interponga, en el que se identificará el recurrente, especificándose además de modo claro y concreto el objeto del recurso. Contendrá también la pretensión deducida por el recurrente y los motivos que en derecho la fundamentan así como cualquier otra cuestión cuyo conocimiento proponga a los tribunales de esta jurisdicción, indicándose, en los casos exigidos en esta Ley, la cuantía del recurso.

Interpuesto el recurso se dará recibo por Secretaría y en la audiencia siguiente el Presidente del tribunal procederá a designar magistrado ponente, quien actuará desde el comienzo como juez sustanciador.

*Artículo* 43. Al escrito de interposición del recurso deberán acompañarse los siguientes documentos:

1. Instrumento que acredite, en su caso, la representación que ostente quien interponga el recurso.
2. Copia del acto administrativo recurrido, en su caso y si el acto hubiese sido publicado, o se tratase de una disposición de carácter general, se deberá acompañar un ejemplar del Diario o Gaceta Oficial en la que se hizo tal publicación, o indicar, en su defecto, el número y fecha de la edición respectiva.

*Artículo* 44. Si el escrito de interposición del recurso no cumpliere los requisitos exigidos en el artículo 42 de esta Ley o no se acompañaren los documentos que exige el artículo anterior, se advertirá al interesado para que subsane los defectos, dándole para ello un plazo no mayor de diez días. Si no lo hiciere dentro del término señalado, o no fueren suficientes los documentos presentados, se entenderá como no interpuesto el recurso, ordenándose el archivo de los autos.

Las decisiones a que se refiere el apartado anterior serán adoptadas por el juez sustanciador admitiéndose contra ellas apelación ante el tribunal o sala correspondiente, la cual deberá ser interpuesta en la misma audiencia o la siguiente. La resolución del Tribunal o de la Sala será inapelable.

*Artículo* 45. Interpuesto el recurso, el tribunal, dentro de las dos audiencias siguientes, dictará auto en el que ordenará a la autoridad administrativa cuyo acto o disposición se impugnare, la remisión del expediente respectivo en el plazo que a tal fin determinará, y que no podrá ser menor de diez días continuos ni superior a quince, a contar de la fecha de recibo del oficio que se envía al efecto.

Si el expediente no fuere remitido en el plazo señalado se requerirá de nuevo a la autoridad administrativa, con la advertencia de que de no acatar la orden judicial en el término de diez días, a partir de la notificación, se impondrá al funcionario a quien corresponda las sanciones establecidas por la ley.

Transcurrido el plazo señalado en este segundo requerimiento sin que fuera cumplido lo ordenado por el tribunal, se constituirá el juez sustanciador o el magistrado o juez a quien el tribunal comisionare, en la oficina donde estuviera el expediente, tomará posesión de él, imponiendo además la multa entre quinientos y dos mil bolívares a quien se considere responsable de los hechos. El tribunal podrá, además, imponer arresto hasta de ocho días a quienes se opusieren o impidieren su actuación.

Si el tribunal considera que, en el expediente recibido, falta algún elemento de importancia, podrá requerir de nuevo a la administración, para que lo complete en la misma forma y bajo los mismos apercibimientos que se señalan en los párrafos anteriores de este artículo.

*Artículo* 46. Recibido el expediente, el recurrente podrá, dentro de las cinco audiencias siguientes, ampliar o reformar su escrito inicial.

*Artículo* 47. No se requerirá la remisión del expediente administrativo cuando se solicite la nulidad de alguna disposición reglamentaria o de carácter general.

Sección Segunda: De la admisión del recurso

*Artículo* 48. Dentro de las tres audiencias siguientes al vencimiento del término para la reforma del escrito de recurso, o a la fecha de presentación del mismo, en sus casos, el juez sustanciador admitirá el recurso o lo declarará inadmisible, por decisión motivada.

*Artículo* 49. La declaratoria de inadmisibilidad procede:

1. En caso de extemporaneidad del recurso.
2. Cuando de manera evidente el conocimiento de la pretensión deducida no corresponde a la jurisdicción contencioso-administrativa, o no sea de la competencia específica del tribunal.
3. Cuando de manera evidente constare la carencia de legitimación del recurrente para interponer el recurso.
4. Cuando el actor carezca de las cualidades necesarias para comparecer en juicio, o quien lo represente no tenga la representación que se atribuye, o bien el poder no esté otorgado en forma legal, o sea insuficiente.

La declaratoria de inadmisibilidad por incompetencia del tribunal deberá contener indicación expresa de la jurisdicción o tribunal que lo fuere.

*Artículo* 50. Declarada la inadmisibilidad de un recurso se lo tendrá por no interpuesto, salvo, respecto de la decisión que declare la incompetencia del tribunal, lo previsto en el artículo 5 de esta Ley.

*Artículo* 51. La resolución por la que se declare la inadmisibilidad del recurso será apelable ante el tribunal en pleno de acuerdo con las normas establecidas en esta Ley.

*Artículo* 52. Dentro de los tres días siguientes a la fecha del auto que declare la admisión del recurso, se dará traslado del mismo al representante de la administración, mediante oficio al que se acompañará copia de la demanda, emplazándosele para contestarla al décimo día hábil siguiente a su notificación, la cual se entenderá efectuada una vez transcurridos quince días, a contar de la fecha del recibo del oficio.

Dentro de los cinco días siguientes a la fecha en que, de acuerdo con lo que establece el apartado anterior se hubiera hecho a la administración la comunicación oportuna, se publicará el auto de admisión del recurso emplazando a quienes, de acuerdo con el artículo 11 de la Ley, puedan considerarse demandados, con el fin de que se apersonen en el tribunal, en el plazo de diez días a contar desde la fecha en que se hiciera la publicación.

*Artículo* 53. La publicación a que se refiere el apartado segundo del artículo anterior se hará en un diario de la sede del tribunal, o en uno de la capital de la República. Se efectuará además en la Gaceta Oficial de la República, si se tratase de recursos presentados ante la Corte Suprema de Justicia o ante el Tribunal Superior de lo Contencioso-Administrativo; o en la Gaceta o Gacetas que comprenda la jurisdicción de la autoridad contra cuyos actos se recurre, en los demás casos.

*Artículo* 54. La resolución que se adopte sobre la admisión del recurso se comunicará al Procurador General de la República, a los efectos indicados en el artículo 15 de esta Ley.

## *SECCIÓN TERCERA: DE LA CONTESTACIÓN A LA DEMANDA*

*Artículo* 55. En el día y a la hora señalados por el tribunal deberán comparecer los demandados para proceder a la contestación de la demanda.

La contestación se dará por escrito, el cual deberá contener, además de la identificación de quien la formule, el señalamiento del carácter y de la legitimación con que actúa; y expresar si admite o rechaza, parcial o totalmente, los hechos y las pretensiones contenidos en el recurso, así como las excepciones y defensas que opusiere.

*Artículo* 56. Si el representante de la administración no comparece a la contestación se entenderá que el recurso queda contradicho en todos sus términos. Los demandados que habiéndose personado en el proceso no comparecieren al acto de contestación de la demanda se entenderán excluidos del procedimiento.

*Artículo* 57. Una vez contestada la demanda las partes quedan a derecho, sin que sean necesarias nuevas citaciones o notificaciones, salvo expresa disposición en contrario de esta Ley.

*Artículo* 58. Las excepciones y defensas opuestas serán resueltas en la sentencia definitiva salvo que, en razón de la naturaleza de las mismas, estimase conveniente el tribunal proceder previamente a su decisión. En tal caso, dictará auto al efecto en el que ordenará la suspensión del procedimiento principal y si hubiere hechos que acreditar, abrirá un período de prueba de ocho días.

Las decisiones previas o incidentales serán adoptadas por el tribunal dentro de los cinco días siguientes a la fecha del auto a que se refiere el apartado anterior, o a la fecha en que hubiere vencido el período de prueba, en sus casos.

La decisión que se adopte por el tribunal, si no se trata de procedimiento de única instancia, será apelable en la oportunidad en que procediere apelación contra la sentencia que diere por terminado el juicio.

## *SECCIÓN CUARTA: DE LAS PRUEBAS Y DE LA RELACIÓN DEL JUICIO*

*Artículo* 59. El mismo día de la contestación de la demanda, o, si las hubiere, de la resolución de las cuestiones previas o incidentales que no diesen por terminado el procedimiento, se abrirá la causa a pruebas, por un término de diez audiencias para promoverlas, y veinte para evacuarlas.

Podrá prescindirse del término probatorio, si así lo decidiere el juez sustanciador, en la audiencia siguiente a la contestación del recurso. La decisión será apelable libremente para ante el tribunal en pleno, en la misma audiencia o en la siguiente. El tribunal decidirá en el término de tres días.

*Artículo* 60. Las pruebas serán promovidas ante el juez sustanciador, quien decidirá sobre su admisión, al tercer día de vencido el término para promover. Las partes deberán formular su oposición a las pruebas promovidas dentro de los dos días siguientes al vencimiento del término de promoción.

*Artículo* 61. La decisión del juez sustanciador es apelable para ante el tribunal en pleno, en la misma audiencia o en la siguiente. La apelación se oirá en ambos efectos, y deberá ser decidida en el término de tres días.

*Artículo* 62. Las pruebas serán admitidas y evacuadas en la forma establecida en el Código de Procedimiento Civil para el juicio ordinario, con las siguientes salvedades:

a) El representante de la administración autora del acto no absolverá posiciones juradas.
b) No podrá deferirse el juramento a ningún funcionario o empleado público que como tal hubiera tenido relación con el objeto del recurso.
c) Si fuere pedida inspección ocular de algún archivo, expediente o documento y el tribunal la admitiere, la diligencia judicial será cumplida, salvo que el Ministro del cual dependa el respectivo archivo, expediente o registro, disponga que el mismo es reser-

vado, bajo orden expresa del Presidente de la República. En tal caso, el Ministro informará por oficio al juez, quien podrá insistir en que se practique la diligencia judicial, en cuyo caso el Ministro deberá llevar el caso, dentro de los quince días siguientes, al Consejo de Ministros. Si el Consejo de Ministros ratificare la decisión del Ministro, la decisión judicial será suspendida.

*Artículo* 63. Vencido el lapso probatorio el tribunal podrá ordenar de oficio que sean evacuadas aquellas pruebas que estimare de interés para el proceso, fijando al efecto un término que no podrá exceder de ocho días.

*Artículo* 64. Al día siguiente de terminado el período de prueba, o el día siguiente en que hubiera sido contestada la demanda, en sus casos, el tribunal dictará auto en el que se declarará abierta la relación del juicio, señalando fecha para la práctica de los informes, en un término no mayor de quince días.

Realizado el acto de informes, continuará la relación durante un término no superior a quince días.

*Artículo* 65. Terminada la relación y caso de que el Tribunal no dictase auto para mejor proveer, de acuerdo con lo que establece el artículo 407 del Código de Procedimiento Civil, el tribunal dirá "Vistos" y, fijará un lapso no superior a diez días para dictar sentencia.

## *SECCIÓN QUINTA: DE LA SENTENCIA*

*Artículo* 66. La sentencia habrá de dictarse en el término a que se refiere el artículo anterior. En caso contrario, los interesados podrán pedir al Presidente del tribunal que excite al mismo para que dicte sentencia a la mayor brevedad.

El incumplimiento por parte de los magistrados de lo establecido en el apartado anterior dará lugar a sanción disciplinaria de acuerdo con la Ley Orgánica del Poder Judicial.

*Artículo* 67. La sentencia decidirá todas las cuestiones debatidas en el proceso, y contendrá decisión clara y precisa con alguno de los pronunciamientos siguientes:

1. La inadmisibilidad del recurso contencioso-administrativo.
2. La improcedencia del recurso por encontrar conforme a derecho el acto, disposición o actuación impugnada.
3. La procedencia del recurso, en todo o en parte, declarando la nulidad total o parcial de la disposición o del acto impugnado. Podrá, en tal caso, ordenar a la administración que, en los términos que la misma sentencia establezca, modifique sus actos, o se

proceda a la reposición del procedimiento administrativo para el momento que señale, caso de que hubiere infracción del mismo.

4. Las declaraciones oportunas con el fin de proceder al restablecimiento de las situaciones jurídicas subjetivas que hubieran resultado lesionadas y ordenar a la administración la realización de los actos pertinentes para ello, si fuere necesario.
5. Si el recurso tuviese por objeto el cobro de sumas de dinero o la reparación de daños y perjuicios, la sentencia absolverá o condenará expresamente a la administración, en todo o en parte. Si el tribunal no pudiere estimar el monto de los daños o la cuantía en que la reparación pecuniaria sea debida, dispondrá que esta estimación se lleve a cabo mediante experticia complementaria del fallo.

*Artículo* 68. Procederá la condenatoria en costas, conforme al Código de Procedimiento Civil y, respecto de la República, en los casos y con las limitaciones indicadas en la Ley Orgánica de la Hacienda Pública Nacional.

*Artículo* 69. La sentencia que declare la nulidad de un acto o disposición administrativos tendrá efectos tanto entre las partes como respecto de las personas que resultasen afectadas por el acto o disposición anulados.

*Artículo* 70. Los interesados podrán pedir aclaratoria o ampliación de la sentencia en los términos establecidos por el Código de Procedimiento Civil.

### *SECCIÓN SEXTA: DE LAS OTRAS FORMAS DE TERMINACIÓN DEL PROCEDIMIENTO*

*Artículo* 71. Son aplicables al procedimiento contencioso-administrativo las normas del Código de Procedimiento Civil sobre la perención de la instancia y el desistimiento, con las excepciones señaladas expresamente en esta Ley.

## CAPITULO III
## DEL PROCEDIMIENTO EN SEGUNDA INSTANCIA

*Artículo* 72. De las sentencias definitivas dictadas en primera instancia se oirá apelación, salvo disposición en contrario de esta Ley. El término para apelar es de cinco días.

*Artículo* 73. El juez de primera instancia oirá la apelación en ambos efectos, dentro de los tres días siguientes al vencimiento del término para apelar, y remitirá los autos al juez de alzada el mismo día, o el siguiente.

*Artículo* 74. La apelación se tramitará conforme dispone el Código de Procedimiento Civil, en el Título V del Libro Segundo, salvo disposición en contrario de esta Ley.

*Artículo* 75. En la segunda instancia las partes solamente podrán proponer como prueba la de instrumento público. Sin embargo, el tribunal podrá ordenar de oficio la evacuación de aquellas pruebas que considere necesarias para esclarecer la verdad, sin perjuicio de su facultad de dictar además auto para mejor proveer.

*Artículo* 76. Decidida la apelación, se bajarán los autos al tribunal de origen para que se proceda a la ejecución de la sentencia.

## CAPITULO IV
## DE LA EJECUCIÓN DE LA SENTENCIA

*Artículo* 77. El tribunal al que corresponda el conocimiento de la causa en primera o en única instancia mandará a ejecutar la sentencia definitivamente firme.

*Artículo* 78. Si para la ejecución de la sentencia fuere necesario que la administración demandada realice determinadas medidas, el tribunal, al ordenarlas, fijará plazo prudencial para ello, apercibiendo al funcionario o funcionarios administrativos a quienes competa de la responsabilidad civil y penal en que incurrirán en caso de no cumplir lo ordenado en el plazo establecido al efecto.

La administración deberá dar cuenta al tribunal del cumplimiento de lo ordenado.

*Artículo* 79. Si la sentencia condenare al pago de cantidades de dinero, el tribunal podrá a instancia de parte y previa consulta con la respectiva administración, ordenar que se incluyan las partidas respectivas en el próximo o próximos presupuestos de la administración condenada.

*Artículo* 80. A los efectos de lo previsto en el artículo anterior, el tribunal dará traslado de su decisión al Presidente del Congreso y al Ministro de Hacienda, en todo caso; y además al Presidente de la Asamblea Legislativa, al Presidente del Concejo Municipal, o al Ministro de adscripción cuando la administración condenada fuere la estadal, la municipal o algún instituto autónomo, corporación o entidad de derecho público a la que su ley de creación acuerde las prerrogativas del Fisco Nacional.

*Artículo* 81. Si la sentencia condenare a la entrega de una cosa determinada, el tribunal pondrá en posesión de ella al demandante; pero si el bien estuviere afectado al uso público, a un servicio público o a una actividad de interés público, el tribunal acordará la indemnización al demandante, a justa regulación de expertos. Determinada la indemnización, el tribunal ordenará su entrega al demandante.

*Artículo* 82. Una vez que exista constancia en el expediente de la entrega de la indemnización al demandante, el tribunal expedirá a la administración copia certificada de la decisión a que se refiere el artículo anterior, para que le sirva de título de propiedad.

*Artículo* 83. Lo dispuesto en los artículos anteriores no excluye la responsabilidad civil y penal en que hayan incurrido los funcionarios, de conformidad con la Ley de Expropiación por causa de Utilidad Pública y Social.

*Artículo* 84. Mientras no conste de autos la total ejecución de la sentencia, el tribunal adoptará, de oficio o a instancia de parte, todas aquellas medidas que considere oportunas para tal fin y en especial apremiar con multa de un mil bolívares al funcionario renuente, reiterándola en caso de sucesivos incumplimientos, sin perjuicio de lo dispuesto en el artículo siguiente.

A los efectos de la aplicación de las multas de apremio previstas en este artículo, el tribunal oficiará al ordenador de pagos del organismo al que esté adscrito el sancionado, para que libre la planilla de liquidación y deduzca del sueldo de éste el monto de la multa en la oportunidad de hacerle el primer pago siguiente a la recepción del oficio.

*Artículo* 85. La desobediencia a las órdenes dictadas por el tribunal para la ejecución de la sentencia constituye delito contra la administración de justicia, y será sancionada con las penas establecidas en el artículo 239 del Código Penal.

## CAPITULO V
## DE LOS PROCEDIMIENTOS ESPECIALES FISCALES

### *Sección Primera: Disposiciones comunes*

*Artículo* 86. Los tribunales fiscales tramitarán los asuntos de su competencia conforme a los procedimientos pautados en este Capítulo.

*Artículo* 87. En todo lo no previsto en los procedimientos especiales, se aplicarán las disposiciones de esta Ley para el procedimiento contencioso-administrativo, o los del Código de Procedimiento Civil para el juicio ordinario, en sus casos.

## *SECCIÓN SEGUNDA: DEL PROCEDIMIENTO CONTENCIOSO-FISCAL*

*Artículo* 88. Se tramitarán siguiendo el procedimiento contencioso -fiscal:

1. Los recursos contra actos de liquidación de impuestos, tasas o contribuciones nacionales, estadales y municipales, o de imposición de multas.
2. Los que se ejerzan contra la negativa de reintegrar cantidades pagadas a título de impuestos, tasas o contribuciones nacionales, estadales o municipales.
3. Los recursos contra los actos de determinación de impuestos, tasas o contribuciones nacionales, estadales o municipales que sean consecuencia de reparos formulados por la Contraloría General de la República, o por las contralorías estadales o municipales, en sus casos; y
4. Las controversias que se susciten entre la administración y los contribuyentes con motivo de la interpretación o aplicación de leyes u ordenanzas tributarias.

*Artículo* 89. El recurso deberá anunciarse por ante el organismo o autoridad que haya dictado el acto, dentro de los quince días continuos siguientes a la notificación de éste.

*Artículo* 90. Anunciado el recurso, deberá proponérselo ante el tribunal competente, dentro de los diez días siguientes al vencimiento del término para anunciarlo.

*Artículo* 91. Dentro de los tres días siguientes a la interposición del recurso, el tribunal designará el ponente, a quien corresponderá la sustanciación.

*Artículo* 92. El recurso deberá ser presentado por escrito, el cual deberá contener la identificación del recurrente y el señalamiento del acto impugnado, así como las razones de hecho y de derecho en las que se fundamente.

*Artículo* 93. Al escrito del recurso deberá acompañarse copia del acto impugnado, en su caso; y si se impugnare un acto de liquidación de impuesto, tasa, o contribución, o de multa, deberá acreditarse el pago, o la constitución de caución real o personal para garantizar aquél.

Si la caución ofrecida fuere personal, deberá acompañarse un balance del fiador, certificado por un contador público. El balance deberá estar referido al menos, al cierre del último ejercicio del fiador.

No se requerirá la presentación del balance cuando el fiador fuere un banco o una empresa de seguros.

*Artículo* 94. La caución deberá ser acreditada mediante instrumento auténtico y deberá ser expresamente aceptada o rechazada por el juez sustanciador, dentro de las dos audiencias siguientes a aquella en que se hubiere dado entrada al recurso.

*Artículo* 95. Si el juez sustanciador rechazare la caución ofrecida, o la mandare a ampliar, el recurrente deberá hacerlo dentro de las cinco audiencias siguientes.

*Artículo* 96. El juez sustanciador, en la audiencia siguiente al vencimiento del término indicado en el artículo anterior, o a la aceptación de la caución, en su caso, admitirá el recurso y ordenará la remisión del expediente administrativo, o lo declarará inadmisible, por alguno de los motivos y con los efectos indicados en los artículos 49 y 50 de esta Ley. Igualmente se declarará inadmisible el recurso si rechazada la caución no hubiere sido sustituida o ampliada a satisfacción del juez sustanciador.

*Artículo* 97. De la declaratoria de inadmisibilidad se podrá apelar ante el tribunal en pleno, dentro de los tres días siguientes. La decisión del tribunal será inapelable.

*Artículo* 98. De la decisión dictada se dará traslado por oficio a la administración ante la que se anunció el recurso requiriéndole la remisión del expediente administrativo, en su caso.

El expediente administrativo deberá ser remitido dentro de los quince días continuos contados a partir de la fecha del recibo del oficio, bajo las sanciones señaladas en el artículo 45 de esta Ley, cuyas previsiones se aplicarán en este procedimiento.

*Artículo* 99. Recibido el expediente administrativo, el juez sustanciador abrirá la causa a pruebas mediante decreto al efecto, o fijará oportunidad para el inicio de la relación si la controversia fuere de mero derecho. En este caso, la decisión es apelable en ambos efectos para ante el tribunal en pleno, dentro de los tres días siguientes.

*Artículo* 100. Abierta la causa a pruebas, el procedimiento continuará tramitándose como se establece en la Sección Cuarta del Capítulo II de este Título.

*Artículo* 101. El día siguiente al vencimiento del término probatorio, o al decreto que hubiere ordenado omitirlo, en sus casos, se iniciará la relación de la causa, y el procedimiento continuará como se dispone en las secciones cuarta y quinta del Capítulo II del presente Título.

*Artículo* 102. La apelación de las sentencias definitivas, cuando proceda, deberá ejercerse dentro de los cinco días siguientes a la publicación de aquéllas, previo pago o depósito del monto del acto recurrido, en su caso.

*Artículo* 103. La apelación se tramitará siguiendo el procedimiento pautado en el Capítulo III de este Título.

Sección Tercera: De los juicios de cuenta

*Artículo* 104. Los juicios de cuenta y, en general, los que se sigan para exigir la responsabilidad civil de los empleados de hacienda o de las personas calificadas como tales y la de los funcionarios o empleados públicos, se tramitarán conforme al procedimiento pautado en esta Sección.

*Artículo* 105. El juicio será iniciado mediante demanda de la Contraloría General de la República, de la contraloría estadal o municipal, o de la administración. Al escrito se acompañarán las actuaciones cumplidas por el órgano que ejerza la acción.

*Artículo* 106. Recibida la demanda, se le dará entrada dentro de los tres días, se designará ponente, quien actuará como juez sustanciador y se ordenará practicar la citación del demandado, para que proceda a dar su contestación a la hora que se fije de la décima audiencia siguiente a su notificación.

*Artículo* 107. La citación se practicará siguiendo lo pautado en el Título IV del Libro Primero del Código de Procedimiento Civil.

*Artículo* 108. La contestación de la demanda se dará conforme establece el Código de Procedimiento Civil, pero el demandado deberá oponer en el mismo acto todas las excepciones que tenga, y ellas serán resueltas en la sentencia definitiva.

*Artículo* 109. Contestada la demanda, se entenderá la causa abierta a pruebas, salvo que el asunto sea de mero derecho o que las partes renuncien a dicho término.

*Artículo* 110. El procedimiento continuará conforme a lo previsto en las secciones cuarta y quinta del Capítulo II de este Título, pero el demandado deberá absolver las pruebas de confesión o el juramento decisorio que se le formulen, sin que pueda deferir este último.

*Artículo* 111. La apelación de las sentencias definitivas deberá ejercerse dentro de los cinco días siguientes a la publicación, y se tramitará siguiendo el procedimiento pautado en el Capítulo III de este Título.

# TITULO IV
# DISPOSICIONES TRANSITORIAS Y FINALES

*Artículo* 112. Mientras no se dicte la Ley Orgánica de la Corte Suprema de Justicia, la competencia que esta Ley atribuye a ese supremo tribunal corresponderá a su Sala Político-Administrativa.

*Artículo* 113. El Ejecutivo Nacional, dentro de los seis meses siguientes a la publicación de esta Ley adoptará las disposiciones oportunas para transferir a los tribunales que se creen las competencias ejercidas por los Juzgados Superiores de Hacienda, el Tribunal de Apelaciones de Inquilinato, los Tribunales de Impuesto sobre la Renta y el Tribunal de la Carrera Administrativa.

Dentro del mismo término, el Ejecutivo Nacional dictará las medidas oportunas para la aplicación progresiva de esta Ley.

*Artículo* 114. Quedan derogadas todas las disposiciones que colidan con esta Ley, una vez transcurrido el término de seis meses indicado en el artículo anterior.

# TERCERA PARTE

# PROYECTO DE LEY DE LA JURISDICCIÓN CONSTITUCIONAL
# 1965-1971

## Sección Primera

### Explicación del proyecto de ley sobre la jurisdicción constitucional (1965-1971)

**Este texto es el que se publicó, junto con el Proyecto, en el *Informe sobre la reforma de la Administración Pública Nacional,* Comisión de Administración Pública, Caracas 1972, Tomo 2.**

La creciente racionalización de la vida política de nuestro tiempo lleva consigo, como consecuencia ineluctable, una progresiva juridificación de todos los ámbitos del convivir social. Cada vez es mayor el imperio del Derecho, menor el campo de acción de los poderes no reglados y más acuciante la exigencia de someter el ejercicio de la autoridad, incluso en sus más altos niveles, a las pautas trazadas por la Constitución. Este movimiento de los tiempos se manifiesta claramente a través de un doble fenómeno que caracteriza al Derecho Público actual. Por una parte, los textos constitucionales cambian de carácter, su parte dogmática se aumenta y enriquece y la decisión política fundamental que toda Constitución implica no queda ya reducida al enunciado de unos pocos postulados formales y al establecimiento del modo de elección y el ámbito de competencia de los titulares del poder, sino que comprende también un rico repertorio de principios de justicia material que prescriben en lo esencial el contenido del ordenamiento. Por otro lado, esta mayor concreción y riqueza del texto constitucional envuelve la necesidad de arbitrar procedimientos eficaces y, en lo posible, inmunes a los cambios políticos, que aseguren el respeto de los principios y normas constitucionales por parte de los poderes supremos del Estado.

Esta tendencia a la instauración de formas jurídicas del control de constitucionalidad, que constituye uno de los rasgos definitorios del Derecho Público de nuestra época, no es, sin embargo, una novedad absoluta para la tradición jurídica occidental. Si bien en los países europeos la jurisdicción constitucional no aparece hasta después de concluida la Primera Guerra Mundial y no se difunde hasta después de acabada la Segunda, en el hemisferio americano la atribución de estas competencias a los órganos judiciales supremos constituía ya una práctica generalizada mucho tiempo antes, y puede afirmarse sin temor a exagerar que la sujeción de los actos del poder a un control jurisdiccional de constitucionalidad, es una de las aportaciones y no la menor, que América ha hecho a la cultura jurídica de Occidente.

En Venezuela, concretamente, la jurisdicción constitucional tiene ya tras sí una larga historia. La Constitución de 1855 (artículo 113, ordinal 8°) atribuyó a la Corte Suprema la facultad de declarar la nulidad de los actos legislativos sancionados por las Legislaturas provinciales, a petición de cualquier ciudadano, cuando fueran contrarios a la Constitución y si bien este precepto no fue recogido por las posteriores de 1864, 1874, 1881 y 1891, que limitaban las facultades al respecto de la Alta Corte Federal a "declarar cual sea la ley vigente cuando se hallen en colisión las nacionales entre sí o estas con las de los Estados o las de los mismos Estados" (artículo 89, ordinal 9° de las de 1864 y 1874 y artículo 80, ordinal 8° de las de 1881 y 1891), en la práctica no se alteró la situación creada en 1858 y la Corte Federal, en repetidas sentencias, continuó atribuyéndose competencia para declarar la nulidad de las leyes estadales que violasen la Constitución, apoyándose para ello en la obligación en que los Estados estaban de "cumplir y hacer que se cumplan y ejecuten la Constitución y Leyes de la Unión", según norma que recogen entre las Bases de la Unión todas las Constituciones citadas (artículo 13, ordinal 11° de las Constituciones de 1864 y 1874 y artículo 13, ordinal 17° de las de 1881 y 1891).

Para el control de constitucionalidad de las leyes nacionales, por el contrario, no se disponía de otro medio que el de un largo y complicado procedimiento político, en el que la iniciativa correspondía exclusivamente al Ejecutivo Nacional y la decisión a las Legislaturas estadales, reduciéndose el papel de la Corte Federal a la homologación de los resultados. La situación cambió radicalmente con la Constitución de 1893, que en su artículo 110, ordinal 8°, atribuyó a la Alta Corte Federal la competencia para "declarar cual sea la ley, decreto o resolución vigente, cuando estén en colisión las nacionales entre sí, o estas con las de los Estados, o las de los mismos Estados, o cualquiera con esta Constitución".

Con este precepto, mantenido en su esencia por todas las Constituciones posteriores, se introdujo en nuestro ordenamiento una muy progresiva modalidad del control jurisdiccional de la constitucionalidad que, al conceder a la Corte Federal la facultad de declarar la nulidad de las normas inconstitucionales y no simplemente su inaplicación al caso controvertido, se adelantaba en muchos años a la evolución que después ha tenido lugar más allá de nuestras fronteras. La norma constitucional no fue objeto, sin embargo, de desarrollo legislativo y la institución sólo lenta y trabajosamente ha ido afirmándose en nuestra tradición por obra de una jurisprudencia que no siempre ha logrado darle perfiles precisos.

Hoy [1971] es ya hora de transformarla en el instrumento moderno, ágil y eficaz que los tiempos requieren y de ahí el Proyecto de Ley de la Jurisdicción Constitucional que se publicó en el *Informe sobre la reforma de la Administracion Pública Nacional* de 1972 [entonces dirigida por quien edita este libro] que fue el que redactamos junto con los profesores Sebastián Martín-Retortillo B. y

Francisco Rubio Llorente en 1965 para la Consultoría Jurídica del Ministerio de Justicia. Este proyecto, incluso, una vez revisado por dicha entidad, fue presentado por el Ministro de Justicia, a la consideración del Congreso en 1967.

Para la elaboración del Proyecto se tuvo en cuenta, en primer lugar, la construcción de principios efectuada por la jurisprudencia sobre la base de las parcas normas de nuestras Constituciones, actuando más con ánimo de sistematizar que de innovar la realidad asentada por una tradición ya casi centenaria. En tal virtud, sacrificando a veces las enseñanzas del Derecho Comparado y de la doctrina universal, se ha mantenido abierta a todos los residentes en el País (artículo 3°), por ejemplo, la acción popular y, en la medida de lo posible, la no caducidad de la acción, eliminada sólo para la impugnación por causa de vicio formal, en donde su conservación hubiera sido resueltamente nociva (artículo 4°).

En todo caso, allí en donde la elaboración jurisprudencial, contraria al genio de nuestro derecho o viciada, además, en muchos casos, por los avatares de la tumultuosa historia política patria ha parecido inconsistente o injustificada, los proyectistas han recurrido, sin precipitación, pero también sin temor, a las formas más progresivas de la realidad legislativa contemporánea. Importa señalar, sin embargo, que la novedad en apariencia más grave y extensa por sus repercusiones, como es la remisión de las excepciones de inconstitucionalidad como cuestiones prejudiciales, al conocimiento de la Corte Suprema (Título 1, artículo 2° y Título II, Sección 2°), no hace sino recoger, mejorándolo, el sistema de nuestra Constitución de 1901 (artículo 106), que introdujo también la posibilidad, igualmente acogida por la Ley, de que la autoridad judicial suscitase de oficio ante la Corte la cuestión de constitucionalidad como recurso en interés del ordenamiento. La justificación de esta vuelta a los orígenes parece evidente. Basta decir que este sistema, similar al adoptado por la ley italiana de 11 de marzo de 1953, es el que con mayor economía y diafanidad permite unificar la jurisprudencia en esta delicadísima materia. No se desvirtúa con él la norma que impone la aplicación preferente de la Constitución (artículo 7° del Código de Procedimiento Civil), puesto que el Juez a quo conserva la potestad de admitir o rechazar la excepción, según que la encuentre o no suficientemente fundada y relevante (artículo 23), sin que se le fuerce tampoco, aún en ausencia de excepción, a aplicar en contra de su convicción la norma de dudosa legitimidad, gracias a la posibilidad que se le concede de poner ésta en cuestión ante la Corte Suprema de Justicia (artículo 25).

Se trata, simplemente, de afrontar sin ambages la realidad de que las eventuales violaciones de la Constitución, que no son en la abrumadora mayoría de los casos contradicciones flagrantes y brutales de sus principios y normas, sino más bien ataques solapados, sólo pueden ser establecidas y contrarrestadas por una interpretación autorizada y preeminente. La escasa vigencia que en nuestra práctica han tenido las excepciones de inconstitucionalidad, sometidas a la decisión del juez que concede el juicio o limitadas en sus efectos al litigio en que se suscitan, es demostración patente de la insuficiencia del anterior sistema. El adoptado por el Proyecto, al invertir en cierto sentido el largo y enfadoso procedimiento de la casación, ahorrando a los justiciables, tiempo y esfuerzo y agilizando la administración de justicia, acrecienta así, haciéndolas más vivas y eficaces, las facultades judiciales que pudieran temerse disminuidas o eliminadas y perfila con mayor nitidez los rasgos característicos de nuestro sistema, librándolo de la hibridización reinante como consecuencia de haber mantenido una forma de control indirecto, de tipo norteamericano, al tiempo que se acogía una modalidad de control directo con la que nuestro Derecho se anticipaba en treinta años al de algunas naciones europeas. De acuerdo con lo prescrito en la Constitución, el Proyecto de Ley se limita a distribuir las competencias entre el Pleno y la Sala Político-Administrativa de la Corte Suprema de Justicia, sin perjuicio de que la futura Ley Orgánica de la Corte pueda redistribuirlas una vez se cree la proyectada Sala Federal (artículos 7º, 9º, 30, 37, 45 y 48).

Si el procedimiento de prejudicialidad puede ampararse en antecedentes de nuestra historia constitucional, no los tiene por el contrario, ni en la legislación ni en la jurisprudencia, la posibilidad de recurrir contra normas o actos que ya antes fueron objeto de impugnaciones infructuosas. La irrevocabilidad de las sentencias afirmativas de la constitucionalidad, lejos de ser consecuencia lógica de las fuerzas nulificadora y erga omnes que las negativas poseen, constituye una doctrina carente de fundamentación teórica y cargada de nocividad práctica, una vez, sobre todo, que se concentra la competencia sobre litigios de constitucionalidad en las manos de la Corte Suprema de Justicia. Con ella, en efecto, no sólo se corre el riesgo de que recursos mal fundamentados puedan dar lugar a la convalidación de normas ilegítimas, sino que se olvida y este es su defecto básico, que la sensibilidad jurídica se muda con el espíritu de los tiempos y aprovecha de distinto modo las virtualidades normativas de los textos, encontrando tal vez colisiones en donde antes se vio acorde pleno.

La experiencia ganada en otros países permite suponer que, ni la posibilidad abierta por el Proyecto de intentar repetidamente la impugnación de una misma norma, ni la adopción del sistema de prejudicialidad, crearán un entorpecimiento a la buena marcha de nuestro Alto Tribunal. En todo caso, para poner coto a una improbable avalancha de recursos reiterados con el mismo objeto, o al abuso de la vía de excepción, se ha dotado a la Corte (artículos 5º y 10) de la facultad de imponer sanciones a quienes usaren mal de esta perenne cuestionabilidad de las normas o de la potencialidad dilatoria de la excepción. La utilización mesurada y decidida de este instrumento permitirá a nuestro órgano judicial supremo encauzar adecuadamente la práctica si se presentase este peligro que, como antes se señala, no ha llegado a concretarse en ordenamientos de características análogas.

En el mismo sentido de magnificar la función de la Corte, al tiempo que se la dota de mayor agilidad, va la posibilidad, que igualmente se le concede (artículo 17, párrafo 2°), de poder declarar no sólo la inconstitucionalidad de la norma objeto del recurso, sino también, en su caso, la de todas aquellas que por derivación resultaren viciadas. Podrá así obviarse la necesidad de muchos recursos, facilitando la acción purificadora del ordenamiento que la Corte debe llevar a cabo, salvaguardando sin embargo al máximo su calidad de órgano judicial, pues su acción habrá de reducirse siempre a constatar la existencia o inexistencia de colisiones con la Constitución, absteniéndose de decidir en base a consideraciones sobre la oportunidad y conveniencia con que los poderes públicos hacen uso de sus facultades, según preceptúa en el Proyecto (artículo 6°), que no hace con ello sino recoger una doctrina establecida ya de tiempo atrás por nuestra mejor jurisprudencia.

Tras el Título I, consagrado a los enunciados generales que establece con el objeto, la naturaleza y las formas del recurso de inconstitucionalidad, el Proyecto de Ley de la Jurisdicción Constitucional consagra un Título distinto a cada uno de los posibles sujetos de recurso, distinguiendo además; mediante Capítulos separados dentro de cada Título, donde ello es necesario, las vías de acción y de excepción con la que, en lo procesal, viene a identificarse sustancialmente la cuestión suscitada de oficio.

Este esquema sistemático repite la estructura del artículo 1° del Proyecto y ofrece así grandes ventajas para distinguir nítidamente las diferentes especies de recursos en razón de su materia, y definir con entera precisión los variados tipos de normas y actos susceptibles de impugnación por causa de inconstitucionalidad. Con él se logra delimitar en forma sumamente clara el objeto del recurso de inconstitucionalidad, especialmente en aquellas áreas (ordenanzas y actos municipales, reglamentos presidenciales, actos del Ejecutivo) en donde dicho recurso coexiste con el contencioso-administrativo.

En ellas sólo la inconstitucionalidad directa, inmediata, puede ser invocada y declarada en el recurso ante la jurisdicción constitucional. La inconstitucionalidad indirecta, mediada por la ilegalidad, será, por el contrario, objeto del recurso contencioso-administrativo, reduciendo así el de inconstitucionalidad a los justos términos que permiten mantener incólumes su dignidad, su eficacia y su preeminencia.

Excluidos del recurso de inconstitucionalidad, incluso en caso de violación directa e inmediata de la Constitución, sólo están los actos administrativos y los del Poder Judicial, es decir, sustancialmente los actos de concreción y aplicación individualizada de la norma. Razones evidentes de doctrina jurídica, en general, y de economía procesal, en particular, aconsejan esta solución que, por lo que a los actos del Poder Judicial toca, parece además ineludible en nuestro sistema, dada la unicidad de la Corte Suprema, que reúne en su seno la jurisdicción constitucional y la de casación.

No están exentos en cambio del mismo ni las leyes nacionales ni las estadales, sea cual fuere su forma y naturaleza. Nuestra práctica, no ha sido uniforme al respecto, pues ha habido ocasiones en que se han establecido excepciones por lo que se refiere a las leyes aprobatorias de los contratos de interés público y de los Tratados Internacionales, como es la situación actual. Los Proyectistas sin embargo, estiman que en ninguno de los dos casos la excepción parece justificada: por lo que a las leyes aprobatorias de los contratos de interés público se refiere, todos los derechos e intereses resultan suficientemente salvaguardados al conceder voz en el recurso a las personas o entidades que hubieran celebrado con la Administración, el contrato aprobado por la ley impugnada, o hubieran sucedido a aquéllas en sus derechos (artículo 12, párrafo 2º), sin que pueda pretenderse, en aras de ese respeto por los derechos adquiridos, subordinar a estos el interés superior de la pureza del ordenamiento. En lo que a los Tratados internacionales toca, la necesidad de someter a la jurisdicción constitucional las leyes que autorizan su ratificación o la decisión presidencial de ratificarlos cuando, por su naturaleza, no requieren de ley aprobatoria previa, parece fuera de toda duda. Sin ello se estaría abriendo al principio de primacía constitucional una brecha peligrosa, tanto más ancha y amenazante cuanto es grande la interdependencia de los Estados en nuestra época, aun cuando de otra parte, al admitir la posibilidad de control y con ella la de invalidación de un tratado internacional con el consecuente surgimiento de responsabilidad para la República, se estén corriendo riesgos que no tengan solución fácil y cómoda en el Derecho Internacional de nuestros días.

Si bien, en principio, el recurso de inconstitucionalidad en cualquiera de sus formas sólo procede contra las leyes y actos normativos que hubieren alcanzado fuerza obligante, el Proyecto, teniendo en cuenta las previsiones que al respecto establece la Constitución, arbitra el procedimiento necesario para que la Corte pueda pronunciarse, aún antes de la promulgación, sobre la constitucionalidad de aquellos textos que hubieran sido objetados por la instancia ejecutiva competente para promulgarlos (artículos 20, 32 y 40). Aunque sea cuestionable desde luego que la acción de la Corte en estos casos pueda equipararse, en cuanto a su naturaleza y efectos, con la que se lleva a cabo en los recursos ordinarios, ha parecido preferible sacrificar el prurito de pureza teórica a los requerimientos de claridad y precisión, e incluir en consecuencia estos procedimientos dentro de la sistemática general de la ley. En ellos se recoge, pura y simplemente, el precepto constitucional, sin introducir más novedad que la de facultar a la Corte para conceder, dentro de límites muy estrictos, una ampliación del plazo establecido para la promulgación de leyes estadales. Quizás la reciente experiencia en esta materia (el veto presidencial a la promulgación de la Ley Orgánica del Poder Judicial en 1970), sin embargo, aconseje ampliar el contenido de esas normas.

Por analogía con el procedimiento anteriormente comentado, el Proyecto introduce también una modalidad especial, consistente en la posibilidad de suspender la aplicación de la norma recurrida, en aquellos casos en que es el Ejecutivo Regional quien ataca la constitucionalidad de una ordenanza u otro acto de un órgano municipal (artículo 39). Cierto es que esta impugnación no se distingue en cuanto a su naturaleza de cualquiera otra en la que el actor fuese un simple particular. Sin embargo, son evidentes los graves perjuicios, demoras y pérdidas para la cosa pública que pudieran seguirse de no arbitrar algún medio con el que se imposibilite la aplicación de normas que tal vez nacieron viciadas y que como tales, fueron atacadas desde su aparición por el órgano supremo del Ejecutivo Regional. Colocado este instrumento en las manos prudentes de la Corte Suprema de Justicia, puede estimarse razonablemente que no ha de producir jamás abusos ni será nunca utilizado para privar a los Concejos Municipales de las facultades que constitucionalmente les están atribuidas.

El procedimiento establecido por la ley para los recursos ordinarios además de conservar los rasgos de gratitud (artículo 51), sencillez y popularidad (artículo 3°) que caracterizan la práctica ya existente, está principalmente inspirado por dos preocupaciones básicas: la de conseguir el máximo de rapidez compatible con una concienzuda administración de la justicia y la de asegurar al máximo la publicidad y la participación en el procedimiento de todos los interesados. Para lograr el primer objetivo se establecen plazos muy firmes y determinados para los diversos trámites del proceso, creando además, con la decisión previa sobre la admisibilidad del recurso (artículo 11), un eficaz medio de aligerar la carga que sobre la Corte pesa, sin que ello implique menoscabo a las garantías de los justiciables.

Para alcanzar la segunda finalidad se instituye un amplísimo sistema de publicidad que asegura a todos los ciudadanos, no sólo la posibilidad de conocer los recursos incoados, sino incluso la de manifestarse respecto de los mismos (artículo 13). Al mismo tiempo se le da participación en todos los procedimientos a los órganos a los que la Constitución encomienda específicamente la defensa del ordenamiento (artículo 12), ofreciendo igualmente a los Cuerpos Legislativos pertinentes, ocasión de pronunciarse cuando las normas atacadas hubieren tenido en ellos su origen (artículo 12). A estos órganos se unen, en los recursos promovidos por vía de excepción, las partes en el juicio a quo, de manera que quede máximamente garantizado su derecho (artículo 27).

El Título II, relativo a la Inconstitucionalidad de las Leyes y Actos del Poder Legislativo, como lo indica su denominación, se contrae a determinar el procedimiento general (artículos 8° al 27) para la impugnación de las leyes nacionales y otros actos del Poder Legislativo, cuyo conocimiento compete a la Corte Suprema de Justicia en pleno.

Los Títulos sucesivos (III, IV, V y VI) van señalando, junto con la definición pormenorizada de los posibles objetos del recurso, bien se trate de leyes y actos de las Asambleas Legislativas, de las Ordenanzas Municipales, o de los Reglamentos Ejecutivos, las modalidades que en cada uno de los casos, la propia naturaleza de éstos impone al procedimiento.

Finalmente el Título VII, denominado Disposiciones Finales, contempla en cinco artículos normas de aplicación general a los distintos procedimientos previstos en el Proyecto y la previsión de sanciones para quienes recurran temerariamente.

## Sección segunda:
## Proyecto de ley sobre la jurisdicción constitucional 1965-1971

# TITULO I
# DISPOSICIONES FUNDAMENTALES

*Artículo* 1· Podrán ser objeto del recurso de inconstitucionalidad en vía de acción o de excepción, o como cuestión suscitada de oficio, conforme a las disposiciones de esta Ley:

a. Las leyes nacionales y, en general, los actos de los cuerpos legislativos de la República.
b. Las leyes estadales y demás actos de las Asambleas Legislativas de los Estados.
c. Las ordenanzas municipales y demás actos de los cuerpos deliberantes de los Municipios en los casos establecidos en el Título IV de esta Ley.
d. Los reglamentos dictados por el Presidente de la República y los actos de él emanados como órgano supremo del Ejecutivo Nacional conforme a lo previsto en el ordinal 6° del Artículo 215 de la Constitución y en los Títulos V y VI de esta Ley.

*Artículo* 2· El recurso de inconstitucionalidad podrá interponerse mediante acción directa ante la Corte Suprema de Justicia, o en virtud de excepción alegada por cualquiera de las partes o por el Ministerio Público en un proceso judicial, o como cuestión suscitada de oficio por una autoridad jurisdiccional con motivo de un asunto llevado a su conocimiento.

El control previo de la constitucionalidad sólo podrá llevarse a efecto por iniciativa del Presidente de la República, o los Gobernadores de los Estados o del Distrito Federal, conforme a lo dispuesto en los Artículos 20, 32 y 40 de esta Ley.

*Artículo* 3· El recurso de inconstitucionalidad podrá ser intentado por todas las personas naturales y jurídicas, públicas o privadas, que según el ordenamiento vigente tengan el libre ejercicio de sus derechos.

Para intentar la acción en nombre del Ejecutivo Nacional se requerirá previa decisión del Presidente de la República.

*Artículo* 4. La acción de inconstitucionalidad que se fundare en el hecho de no haberse seguido en la formación, aprobación o promulgación de las leyes, ordenanzas, reglamentos o actos, los trámites y requisitos constitucionalmente previstos para el momento de su publicación, sólo podrá intentarse dentro de los cinco años siguientes a la fecha en que la ley, ordenanza, reglamento o acto hubieran sido promulgados o dictados.

Podrá, por el contrario, entablarse en cualquier momento la acción de inconstitucionalidad cuando en ella se alegase la violación por la norma o acto impugnados de un principio o precepto de la Constitución vigente para el momento de la acción.

La excepción de inconstitucionalidad podrá ser alegada siempre, con independencia de la naturaleza material o formal de la presunta violación. La misma norma se aplicará a las cuestiones suscitadas de oficio por una autoridad judicial.

*Artículo* 5. En ningún caso podrá ser entablado ni resuelto el recurso de inconstitucionalidad en base a la apreciación de la oportunidad y conveniencia con que los poderes públicos hacen uso de sus facultades.

*Artículo* 6. La declaración de inconstitucionalidad de una ley o acto del poder público no prejuzga sobre la responsabilidad que corresponda a sus autores de acuerdo con los artículos 46 y 121 de la Constitución.

*Artículo* 7. Corresponde a la Corte Suprema de Justicia el conocimiento de los recursos de inconstitucionalidad, tanto si éstos se originaren en una acción directa, como si se produjesen por vía de excepción o en virtud de cuestión suscitada de oficio por una autoridad jurisdiccional. Para la distribución de competencias entre el pleno de la Corte y su Sala Político-Administrativa se atenderá a lo dispuesto en la presente Ley.

# TITULO II

# DE LA INCONSTITUCIONALIDAD DE LAS LEYES Y ACTOS DEL PODER LEGISLATIVO NACIONAL

## CAPITULO I

### DISPOSICIONES GENERALES

*Artículo* 8. Son inconstitucionales en todo o en parte las leyes y demás actos sancionados por los cuerpos legislativos de la República que infrinjan un principio o norma de la Constitución, o no hayan sido deliberados, sancionados o promulgados en la forma prescrita por la misma, o de cualquier modo violen una ley orgánica a la que, de acuerdo con lo dispuesto en el Artículo 163 de la Constitución hubieran debido sujetarse.

*Artículo* 9. Corresponde a la Corte Suprema de Justicia en pleno la competencia exclusiva para conocer de los recursos de inconstitucionalidad que, contra leyes o actos del Poder Legislativo Nacional, se formulasen en cualquiera de las formas previstas por esta Ley.

## CAPITULO II

### DE LA ACCIÓN DE INCONSTITUCIONALIDAD

*Artículo* 10. La acción de inconstitucionalidad de las leyes o actos del Poder Legislativo Nacional se iniciará mediante escrito en el que, de modo claro y sucinto, se deben indicar los siguientes extremos: a. Identificación completa del actor y representación que ostenta cuando no actuase en nombre propio; b. Indicación expresa de los principios o normas constitucionales que se suponen violados y del precepto o preceptos cuya inconstitucionalidad se alega y cuya invalidación se demanda; c. Exposición de los motivos en que la pretendida inconstitucionalidad se funda; d. Petición, si se considerase necesario, de que se efectúen informes orales.

Dicho escrito deberá ir acompañado, en su caso, de la documentación que acredite la representación que el actor ostenta y de copia certificada del correspondiente acuerdo si fuera actora una entidad pública.

Tanto el escrito como todo otro documento que eventualmente se acompañe, se presentarán por cuadruplicado.

*Artículo* 11. Presentado ante la Corte el escrito a que se refiere el artículo anterior, ésta procederá a designar sin demora y según sus propias normas, al magistrado que haya de actuar como ponente, el cual, desde este momento ejercerá las funciones de Juez sustanciador.

Dentro de los quince días siguientes a la fecha de presentación del escrito y previo informe del ponente, la Corte en pleno decidirá sobre la admisibilidad del recurso. Decidirá la inadmisibilidad cuando faltare en el escrito alguno de los requisitos exigidos o no resultare bastante la documentación o fuere notoriamente insuficiente la motivación. El auto que decretare la inadmisibilidad por esta última causa habrá de ser acordado al menos por las dos terceras partes de los magistrados que suscriban la decisión.

*Artículo* 12. Si la Corte declarase admisible el recurso, dentro del primer día hábil siguiente al acuerdo dará cuenta de ello acompañando copia de los autos al Presidente del Congreso o al de aquel cuerpo del cual hubiere emanado el acto, al Procurador General de la República y al Fiscal General de la República, para que, en el plazo de treinta días a contar de la fecha de recibo de la comunicación, tomen conocimiento del recurso y presenten ante la Corte, si lo tuvieren por conveniente, dictamen razonado sobre la pretensión del actor. En dicho dictamen podrá también solicitarse de la Corte la recepción del asunto a informe oral.

Si el objeto del recurso fuere la ley aprobatoria de un contrato de interés público, de la admisión del mismo se dará cuenta también, con los mismos términos y efectos que en el párrafo anterior se indican, a la persona o personas que sean parte en ese contrato.

*Artículo* 13. En la misma fecha en que se hicieren las comunicaciones a que se refiere el artículo anterior, la Corte ordenará la inserción en la Gaceta Oficial de un edicto en el que, en forma resumida, se informará sobre el objeto y términos del recurso admitido para que, dentro del plazo de veinte días a partir de la publicación, aquellas personas que lo desearen puedan exponer por escrito ante la Corte cuanto sobre el asunto tengan por conveniente.

*Artículo* 14. Concluido el plazo fijado para la evacuación de dictámenes se dará por terminada la sustanciación del asunto y se pasará a relacionarlo. La relación no podrá tener una duración superior a los cuarenta y cinco días, excluidos sólo los feriados y los de vacaciones. Transcurrido este plazo o el menor que la Corte señalare se llamará a informes, fijando fecha para ellos en un término no superior a quince días e indicando, de acuerdo con lo que se estimase más conveniente, si habrán de ser orales cuando así se hubiese solicitado.

Si se optase por la forma oral, la Corte podrá señalar los puntos a que hayan de contraerse los alegatos de los informantes y el tiempo que cada uno de ellos podrá consumir.

*Artículo* 15. En el acto de informes orales serán públicas las audiencias, pero la Corte podrá decidir la celebración a puertas cerradas cuando la publicidad amenazare la seguridad del Estado o la moral o el orden público, o se produjeren en el público asistente manifestaciones contrarias al decoro del alto tribunal.

*Artículo* 16. En la audiencia siguiente al término de los informes y a menos que se dictare auto para mejor proveer, la Corte dirá vistos y fijará oportunidad para sentenciar dentro de un término no superior a los quince días hábiles siguientes.

*Artículo* 17. La sentencia decidirá clara y precisamente sobre todas las cuestiones debatidas, formulando alguno de los fallos siguientes.

1. Improcedencia del recurso por no resultar de los motivos alegados la inconstitucionalidad de las normas impugnadas.

2. Procedencia total o parcial del recurso, declarando la invalidez de la norma o normas inconstitucionales. La Corte decidirá en este caso si la inconstitucionalidad de dichas normas implica o no la de la totalidad del cuerpo legal que las contenga. Podrá igualmente declarar la invalidez de otras normas cuya inconstitucionalidad se derivase necesariamente de las de aquéllas que fueron objeto del recurso estimado.

En el supuesto del Artículo 53 de esta Ley, la sentencia decidirá igualmente sobre la naturaleza y cuantía de las sanciones impuestas por la Corte.

*Artículo* 18. Las sentencias de la Corte se comunicarán en el día de su firma al cuerpo legislativo que corresponda y al Ejecutivo Nacional por conducto del Procurador General de la República y se publicarán sin demora en la Gaceta Oficial.

*Artículo* 19. Las normas declaradas inconstitucionales no podrán ser aplicadas ni tendrán efecto alguno desde el día siguiente a la publicación en la Gaceta Oficial de la sentencia o, a falta de publicación, a partir del décimo día de su firma. Cuando en virtud de ellas hubiese sido pronunciada una sentencia firme de condena en curso de ejecución, cesará ésta y con ella todos los demás efectos penales.

*Artículo* 20. Las leyes que a causa de presunta inconstitucionalidad, fueren objetadas por el Presidente de la República, podrán ser sometidas por éste a la Corte Suprema de Justicia dentro del plazo en que hubiera debido promulgarlas. Del escrito del Presidente dará la Corte conocimiento inmediato al Presidente del Congreso.

La Corte decidirá en el término de diez días contados desde el recibo de la comunicación presidencial. Si negare la inconstitucionalidad invocada o no decidiere dentro del término anterior, el Presidente de la República deberá promulgar la ley dentro de los cinco días siguientes al vencimiento de dicho término o a la fecha de la decisión.

Cuando, por el contrario, estimare la Corte que la ley objetada es, en todo o en parte, inconstitucional, comunicará su decisión al Presidente de la República quien promulgará, en su caso, los preceptos no declarados inconstitucionales.

## CAPITULO III

### DE LA EXCEPCIÓN Y DE LA CUESTIÓN DE INCONSTITUCIONALIDAD

*Artículo* 21. Las partes o el Ministerio Público podrán hacer valer en todo proceso la excepción de inconstitucionalidad mediante escrito dirigido a la autoridad judicial que estuviese conociendo del asunto. En dicho escrito habrá de indicarse clara y precisamente las normas cuya inconstitucionalidad se alega, los principios o preceptos constitucionales que se consideran violados y las razones en que se fundamenta tal consideración.

*Artículo* 22. La autoridad judicial ante quien se hiciere valer la excepción de inconstitucionalidad podrá rechazarla cuando la estime insuficientemente motivada o notoriamente irrelevante para el juicio en curso.

Contra el auto que rechace la excepción, que deberá estar adecuadamente motivada, no se dará recurso alguno, pero la excepción podrá ser propuesta de nuevo al comienzo de toda posterior instancia del proceso.

*Artículo* 23. Cuando la autoridad judicial ante quien se propone la excepción considerase que el proceso no puede ser resuelto sin decidir previamente sobre la misma y que ésta no carece manifiestamente de fundamento, dictará auto debidamente motivado mediante el que dispondrá la suspensión del proceso y la remisión de los autos a la Corte Suprema de Justicia para su decisión.

*Artículo* 24. El juez o tribunal que en cualquier momento de un proceso sometido a su conocimiento, tuviere fundadas dudas sobre la legitimidad constitucional de normas que hubieren de recibir aplicación en el mismo, podrá suscitar la cuestión de inconstitucionalidad mediante auto en el que, señalando las normas de dudosa constitucionalidad, los principios o preceptos constitucionales afectados y las razones en que la duda se funda, decretará la suspensión del proceso y la remisión de los autos a la Corte Suprema de Justicia para su decisión.

*Artículo* 25. Recibidos en la Corte Suprema los autos remitidos por la autoridad jurisdiccional, se seguirá el trámite establecido en el artículo 11 de esta Ley.

Si la Corte declarare inadmisible la excepción o cuestión por carencia de motivación suficiente, devolverá los autos al juez o tribunal de origen, el cual dispondrá la continuación del proceso.

*Artículo* 26. Si la excepción o cuestión fueren declaradas admisibles, se procederá a las notificaciones que en el artículo 12 de esta Ley se señalan, participándolas al mismo tiempo al juez o tribunal de origen, siguiéndose además los trámites prescritos en los artículos 12 a 16 de esta Ley.

*Artículo* 27. La sentencia, con la forma y efectos que en los artículos 17 a 20 se señalan, será comunicada además el día de su firma al juez o tribunal de origen, el cual dispondrá sin demora la continuación del juicio.

# TITULO III
# DE LA INCONSTITUCIONALIDAD DE LAS LEYES Y ACTOS DE LAS ASAMBLEAS LEGISLATIVAS DE LOS ESTADOS

## CAPITULO I

### DISPOSICIONES GENERALES

*Artículo* 28. Son inconstitucionales total o parcialmente las leyes y demás actos de las Asambleas Legislativas de los Estados que infrinjan un principio o precepto de la Constitución o que no hayan sido votadas o promulgadas en la forma prescrita por ésta o que, de cualquier modo, violen una ley de la República.

*Artículo* 29. Corresponde a la Sala Político-Administrativa de la Corte Suprema de Justicia la competencia exclusiva para conocer de los recursos de inconstitucionalidad que contra las leyes estadales y demás actos de las Asambleas Legislativas de los Estados se formulen en cualquiera de las formas previstas por esta Ley.

## CAPITULO II

### DE LA ACCIÓN DE INCONSTITUCIONALIDAD

*Artículo* 30. La acción de inconstitucionalidad contra leyes y actos de las Asambleas Legislativas de los Estados se iniciará y tramitará en la forma que prescriben los artículos 10 al 12 y 14 al 16 de esta Ley. Sin embargo sólo se hará al Presidente del Congreso la comunicación que el artículo 12 señala cuando el motivo de la inconstitucionalidad alegada fuese la violación de una ley de la República y en todo caso se notificará también de la admisión del recurso, con los mismos términos y efectos que en el citado artículo se indican, a la Asamblea Legislativa y al Gobernador del Estado cuya ley se impugna. La notificación al Gobernador se hará por conducto del Procurador del Estado, si lo hubiere.

Los plazos que se establecen en el artículo 12 se entenderán ampliados en un día por cada cien kilómetros de distancia existente entre Caracas y la sede de la correspondiente asamblea legislativa.

*Artículo* 31. La sentencia, con la forma y efectos que en los artículos 17 al 19 se señalan, será publicada en el más breve plazo en la Gaceta Oficial del respectivo Estado, sin perjuicio de su publicación en la Gaceta Oficial de la República, la cual determinará el comienzo de su efectividad, quedando a salvo lo dispuesto en el artículo 19 de esta Ley.

*Artículo* 32. Las leyes estadales que, a causa de su presunta inconstitucionalidad, fueren objetadas por el Gobernador del Estado podrán ser sometidas por éste a la Corte Suprema de Justicia dentro del plazo en que hubiera debido promulgarlas dando cuenta de ello a la respectiva Asamblea. Este plazo se entenderá prorrogado de oficio por quince días a partir de la comunicación a la Corte.

En el escrito de remisión, el Gobernador, directamente o a través del Procurador del Estado, expondrá las razones en que funda su objeción, indicando en forma clara y precisa los principios o preceptos constitucionales que estima violados y solicitará, si lo juzga necesario, que la Corte extienda la prórroga para la promulgación. Esta ampliación podrá ser acordada mediante auto por un plazo no superior a los treinta días a contar de la fecha de la solicitud, y dentro de los tres días siguientes a su presentación.

Del escrito del Gobernador y del auto en que se acordare o denegare la ampliación del plazo para la promulgación se dará inmediato conocimiento a la correspondiente asamblea legislativa para que, si lo tuviere por conveniente, se manifieste sobre el asunto, en el plazo que la Corte fijare y que no será en ningún caso superior a quince días.

La Corte deberá decidir con cinco días de antelación al menos a aquél en que expira el plazo de promulgación. Si denegare la inconstitucionalidad invocada o no decidiere dentro de dicho término, el Gobernador deberá promulgar la ley dentro de los cinco días siguientes a la expiración del mismo o a la fecha de la decisión.

Cuando, por el contrario, la Corte estimara que la ley es en todo o en parte inconstitucional, comunicará su decisión a la asamblea legislativa que la hubiere aprobado, y al Gobernador objetante quien promulgará en su caso los preceptos no declarados inconstitucionales.

## CAPITULO III

### DE LA EXCEPCIÓN Y DE LA CUESTIÓN DE INCONSTITUCIONALIDAD

*Artículo* 33. Las partes o el Ministerio Público podrán hacer valer en todo proceso la excepción de inconstitucionalidad de las leyes y actos de las Asambleas Legislativas de los Estados en la forma que se prevé en el artículo 21 de esta Ley.

Toda autoridad judicial podrá, igualmente, suscitar de oficio la cuestión de inconstitucionalidad de dichas leyes y actos en los casos que el artículo 24 de la presente Ley señala, ajustándose a las formalidades que en el mismo se prevén.

*Artículo* 34. El procedimiento seguirá los trámites prescritos en los artículos 22, 23 y 25 a 27 de la presente Ley, pero las notificaciones se dirigirán a los órganos y entidades que en el artículo 30 se señalan, entendiéndose prorrogados los plazos en la forma que allí se indica.

# TITULO IV
# DE LA INCONSTITUCIONALIDAD DE LAS ORDENANZAS MUNICIPALES Y DEMÁS ACTOSDE LOS CUERPOS DELIBERANTES DE LAS MUNICIPALIDADES

## CAPITULO I

### DISPOSICIONES GENERALES

*Artículo* 35. Podrán ser objeto del recurso de inconstitucionalidad las ordenanzas municipales y demás actos de los cuerpos deliberantes de las Municipalidades cuando en ellos se violen directamente principios o preceptos de la Constitución o no hayan sido aprobados y promulgados en la forma constitucionalmente prevista.

*Artículo* 36. La Sala Político-Administrativa de la Corte Suprema de Justicia conocerá de todos los recursos de inconstitucionalidad, que en vía de acción o de excepción, o como cuestión suscitada de oficio, se formulen en contra de los actos de los cuerpos deliberantes de las Municipalidades.

El conocimiento de los recursos basados en la presunta ilegalidad de dichas ordenanzas o actos, resulte o no de ella la inconstitucionalidad de los mismos, corresponderá a los tribunales contencioso-administrativos según la distribución de competencias que en la respectiva ley se establece.

## CAPITULO II

### De la acción de inconstitucionalidad

*Artículo* 37. La acción de inconstitucionalidad contra ordenanzas y actos de los cuerpos deliberantes de las Municipalidades se iniciará y tramitará en la forma que prescriben los artículos 10 al 12 y 14 al 16 de esta Ley. Se omitirán, sin embargo, las notificaciones al Congreso Nacional que en el artículo 12 se indican, haciéndolas en su lugar al Concejo Municipal que hubiere aprobado la ordenanza o acto, a través del respectivo síndico.

Los plazos que se establecen en el artículo 12 se entenderán ampliados en un día por cada cien kilómetros de distancia existente entre Caracas y la sede del correspondiente Concejo Municipal.

*Artículo* 38. La sentencia, con la forma y efectos que en los artículos 17 a 19 se señalan, será publicada en el más breve plazo en la Gaceta Oficial del respectivo Estado y en el boletín o gaceta del Municipio, si lo hubiere, todo ello sin perjuicio de su publicación en la Gaceta Oficial de la República, la cual determinará el comienzo de su efectividad, quedando a salvo lo dispuesto en el artículo 19 de esta Ley.

*Artículo* 39. Cuando dentro de los tres meses de su publicación se intentare contra una ordenanza u otro acto de los cuerpos deliberantes de las Municipalidades, la acción de inconstitucionalidad por parte del Gobernador del Estado o Territorio Federal correspondiente, el actor podrá solicitar de la Corte que se suspenda la aplicación del acto impugnado hasta tanto recaiga sentencia.

La Corte decidirá sobre la solicitud en el mismo auto por el que declare admisible el recurso, si así fuera, y dará comunicación del mismo al Concejo Municipal y al Gobernador interesado, quien dispondrá su inmediata publicación en la Gaceta Oficial del Estado, en la del Territorio o Distrito, si la hubiere y en los demás medios de publicidad que considerare oportuno.

*Artículo* 40. Las objeciones de inconstitucionalidad que el Gobernador del Distrito Federal formulare contra una ordenanza u otro acto del respectivo Concejo Municipal se tramitarán en la forma prescrita en el artículo 32 de esta Ley. Se entenderá que el Concejo Municipal ocupa en dichos trámites el lugar que ahí se asigne a las asambleas legislativas.

## CAPITULO III

### DE LA EXCEPCIÓN Y CUESTIÓN DE INCONSTITUCIONALIDAD

*Artículo* 41. Las partes o el Ministerio Público podrán hacer valer en todo proceso la excepción de inconstitucionalidad contra las ordenanzas y demás actos de los cuerpos deliberantes de las Municipalidades en la forma prevista en el artículo 21 de esta Ley.

Toda autoridad judicial podrá, igualmente, suscitar de oficio la cuestión de inconstitucionalidad de dichas ordenanzas y actos en los casos que el artículo 24 señala, ajustándose a las formalidades que en el mismo se prevén.

*Artículo* 42. El procedimiento seguirá los trámites prescritos en los artículos 22, 23 y 25 a 27, pero las notificaciones se dirigirán a los órganos y entidades que en el artículo 37 se señalan, entendiéndose prorrogados los plazos de la forma que allí se indica.

## TITULO V
## DE LA INCONSTITUCIONALIDAD DE LOS REGLAMENTOS

*Artículo* 43. Podrán ser objeto del recurso de inconstitucionalidad los reglamentos aprobados por el Presidente de la República cuando en ellos se viole un principio o precepto constitucional o no han sido dictados en la forma constitucionalmente prescrita.

*Artículo* 44. La Sala Político-Administrativa de la Corte Suprema de Justicia conocerá de todos los recursos de inconstitucionalidad que en vía de acción o de excepción o como cuestión suscitada de oficio se formulen contra los reglamentos dictados por el Presidente de la República.

El conocimiento de los recursos basados en la presunta ilegalidad de uno de estos reglamentos, resulte o no de ella la inconstitucionalidad del mismo, corresponderá a los tribunales contencioso- administrativos según la distribución de competencias que en la respectiva ley se establece.

Contra los reglamentos dictados por autoridad distinta a la del Presidente de la República sólo cabrá el recurso contencioso-administrativo de acuerdo con las normas reguladoras de esa jurisdicción.

*Artículo* 45. Los recursos de inconstitucionalidad contra los reglamentos dictados por el Presidente de la República se ajustarán a lo dispuesto en los Capítulos II y III del Título II de esta Ley, según que se originaren en acción directa o fueran promovidos por vía de excepción o como cuestión suscitada de oficio. Se omitirán, sin embargo, las comunicaciones al Congreso que en dichas secciones se indican.

## TITULO VI
## DE LA INCONSTITUCIONALIDAD DE LOS ACTOS DEL EJECUTIVO NACIONAL

*Artículo* 46. Son inconstitucionales los actos dictados por el Presidente de la República en aplicación inmediata de la Constitución cuando en ellos se viole alguno de sus principios o preceptos, o no se sujeten en su forma o requisitos a lo establecido en la misma, o si requirieren autorización del Congreso o de su Comisión Delegada y se hubieren producido sin ella o en violación de los límites que en la misma se fijaren.

*Artículo* 47. La Sala Político-Administrativa de la Corte Suprema de Justicia conocerá de todos los recursos de inconstitucionalidad interpuestos contra los actos que en artículo anterior se mencionan, y especialmente los dictados por el Presidente de la República en uso de las atribuciones que le confieren los artículos 128, 190 y 240 a 244 de la Constitución.

Los actos de los restantes órganos del Poder Ejecutivo violatorios, directa o indirectamente de la Constitución, serán impugnados ante los tribunales contencioso-administrativos según la distribución de competencias que en la respectiva ley se establece.

*Artículo* 48. Los actos del Presidente de la República que hubieren de ser sometidos a la consideración o aprobación posterior del Congreso o de su Comisión Delegada sólo serán impugnables desde que tal requisito se hubiere cumplido o hubiere transcurrido el plazo constitucionalmente señalado para cumplirlo.

Los actos que requiriesen previa aprobación legislativa y se mantuviesen dentro de los límites fijados por ésta no podrán ser objeto del recurso de inconstitucionalidad, pero se entenderán sin efecto desde el momento en que fuere declarada inconstitucional dicha autorización.

*Artículo* 49. Los recursos de inconstitucionalidad contra los actos del Presidente de la República, en los términos indicados por los artículos anteriores, se ajustarán a lo dispuesto en los Capítulos II y III del Título II de esta Ley, según que se originaren en acción directa o fueren promovidos por vía de excepción o por cuestión suscitada de oficio. Se omitirán, sin embargo, las comunicaciones al Congreso que en dichas secciones se señalan.

## TITULO VII
## DISPOSICIONES FINALES

*Artículo* 50. La Corte podrá ordenar la acumulación de aquellos recursos interpuestos según la presente Ley, aun cuando se hubieren originado de distinto modo, siempre que la identidad de su objeto y causa permita una solución común.

*Artículo* 51. El procedimiento ante la Corte Suprema de Justicia en materia de constitucionalidad será total y enteramente gratuito.

*Artículo* 52. Quienes en vía de acción o excepción recurrieren ante la Corte Suprema de Justicia en los términos previstos por la presente Ley deberán estar en todo caso representados o asistidos por abogado.

*Artículo* 53. La Corte podrá imponer multas de mil a diez mil bolívares a aquellos recurrentes notoriamente temerarios, o cuyo recurso estuviere manifiestamente inspirado por el deseo de dilatar procesos en curso u obstaculizar de cualquier otro modo la buena marcha de la administración de justicia.

En los recursos por vía de excepción las multas a que se refiere el párrafo anterior podrán ser impuestas hasta por el doble de la cuantía de la demanda.

En el caso del párrafo segundo del artículo 25 de esta Ley, la Corte podrá imponer multas, dentro de los límites señalados, a los jueces que hubieren admitido excepciones manifiestamente temerarias o que de modo igualmente temerario hubieren suscitado la cuestión de inconstitucionalidad.

Cuando la Corte estimare que la temeridad o el ánimo dilatorio u obstaculizador son imputables al abogado que asiste o representa al recurrente podrá prohibir al mismo la actuación ante la Corte por un tiempo no superior de tres años.

*Artículo* 54. Para lo no expresamente previsto en la presente Ley regirán, en cuanto fueren aplicables, las normas del Código de Procedimiento Civil, la Ley Orgánica de la Corte Suprema de Justicia y la Ley de la Jurisdicción Contencioso-Administrativa.

*Tres proyectos legislativos: procedimientos administrativos, jurisdicción contenciosa administrativa y jurisprudencial constitucional* de Allan R. Brewer-Carías, Sebastián Martín-Retortillo Baquer y Francisco Rubio Llorente se imprimió en la República Argentina en mayo de 2023.